困境青少年
社会工作介入路径探索

主　编/孙博洋　徐　胤
副主编/李静雯　张晓菲　石　鑫
撰稿人（按章节顺序）
　　　　　李静雯　宋斯文　安莎莎　范　晨

中国政法大学出版社

2021·北京

图书在版编目（ＣＩＰ）数据

困境青少年社会工作介入路径探索/孙博洋，徐胤主编. —北京：中国政法大学出版社，2021.5

ISBN 978-7-5620-9986-4

Ⅰ.①困…　Ⅱ.①孙…②徐…　Ⅲ.①青少年教育－教育工作－社会工作－研究－中国　Ⅳ.①G775

中国版本图书馆CIP数据核字(2021)第091364号

书　　名	困境青少年社会工作介入路径探索
	Kunjing Qingshaonian Shehui Gongzuo Jieru Lujing Tansuo
出 版 者	中国政法大学出版社
地　　址	北京市海淀区西土城路 25 号
邮　　箱	fadapress@163.com
网　　址	http://www.cuplpress.com (网络实名：中国政法大学出版社)
电　　话	010-58908435(第一编辑部) 58908334(邮购部)
承　　印	固安华明印业有限公司
开　　本	880mm×1230mm　1/32
印　　张	7.125
字　　数	166 千字
版　　次	2021 年 5 月第 1 版
印　　次	2021 年 6 月第 1 次印刷
定　　价	39.00 元

序

在未成年人犯罪研究领域，与犯罪原因相关的"是什么""为什么"的问题经过几代人的摸索已经得到了基本的解答。随着《预防未成年人犯罪法》《未成年人保护法》的完善，特别是少年司法制度的建构，我国在未成年人犯罪的预防、处遇、权利保护等方面无论在实体还是程序上都实现了有法可依。

新的问题意识历史性地呼之欲出，如何在实践层面上最大限度地减少与预防未成年人犯罪成为当下从政府到社会都瞩目的焦点。科学性、实操性、有效性、发展性和综合性等要求都对问题的解决提出了极强的挑战。20世纪80年代初，为遏制青少年犯罪高发态势，全社会在社会治安综合治理策略的引领下不断构筑防范青少年犯罪的防火墙，动员全社会力量从打击、防范、教育、管理、建设、改造六个方面解决令每一个家庭都高度焦虑的青少年犯罪问题。历史无法检验，但我相信其效果是必须予以肯定的。

回顾历史，我们不可否认的是，未成年人犯罪问题仍然是困扰全社会的痛点，在理论研究答案逐步清晰的背景下，如何依据未成年人犯罪的规律性特点寻求更为有效的解决方案也就势必成为政府、学界、社区、家庭、学校都高度期盼的系统工程。事实上，在未成年人成长的路途中，家庭尤其父母是责无旁贷的第一责任人，他们作为我们每个人的启蒙"老师"具有塑造者的地位。以心理学"生物、环境、心理"三元交互模式作解释，从每一粒种子被置入原生家庭这一土壤开始，土壤的养分、水分等墒情构成了每个人生理、心理发育、发展的小环境，对此我们无法选择。而如阳光、雨露、园丁的教育因素、文化因素、时代因素等社会大环境因素又在与家庭的互动中构成了每个人实现社会化的大环境。在人类森林中，每一棵"树"都拼命向上生长，希望得到更多的阳光，实现作为人的价值；越要成长，其根系越要向下扎，以获取文化资源、人际资源、情感资源、经济资源、组织资源等更多成长的养分。如果我们将在青春期出现违法犯罪等行为的未成年人视为一棵长歪了的树，那么可以回溯具有影响的关键节点。首先，种子歪树必然歪，某些先天的生物、生理因素影响个体的气质、激素水平、器质性病变，尤其在暴力冲动、情绪控制等方面会表现出来。其次，成长方向是"太阳"还是"月亮"，价值观、人生观如果错位，树也会歪。再次，曾经多次经历尚无法承受的风吹雨打等高强度挑战或者高频率"晃动"的树也容易歪。最后，土壤贫瘠、土质坚硬、园丁失职、养分错误等众多可控和不可控的因素都有可能让一棵树长歪，并且无法成材。当它还是幼苗、小树的时候，我们不必着急，可以用支架、换原土、引阳光、修枝剪叶等方式将其扶正，但一旦主干坚实、人格定型，再想矫正难度就太大了，因为冰冻三尺非一日之寒，此时已经积重难返。

由此，如果希望将预防与控制未成年人犯罪的工作做得有实效，就必须将工作重点前置，并重点解决以下问题。

第一，方法科学。在梳理心理学、教育学、社会学等学科对未成年人犯罪的规律性认识基础上，寻求生态效度良好的科学养育方式，并将其传授给每个家庭、学校。

第二，因势而变。一般性规律和方法仅仅通用于一般情况，必须根据每个家庭的实际情况进行适应性调整，制定有针对性并有效果的方案。

第三，可以操作。要扭转当下年轻家长的"快餐"式思维，寄希望于"一招鲜"的快捷性观念是不符合未成年人成长规律的。教育是发展的，它伴随人的一生；早期教育是关键的，它影响我们的人生，父母必须亲力亲为，不能有半点懈怠。可以操作的教养方式应该是既符合年轻家长的个人能力，又具有效果的，切忌高高在上的夸夸其谈。

那么，问题来了，谁来做？谁有能力、资质、职责去介入每一个家庭和社区？谁有科学有效的方法去解决我们所面临的问题？应该说，社会工作机构这一在近10年内异军突起、战果卓越的队伍帮助全社会和我们每一个家庭解决了迫在眉睫的问题。

《困境青少年社会工作介入路径探索》以困境青少年为对象，以扶持与先期矫正为目的，以成功案例为支撑，系统总结了在帮助困境青少年最大限度地减少犯罪可能性方面的理论与实践，是我国预防未成年人犯罪领域不可多得的理论与实践相结合的操作手册。

本书第一章和第二章的作者是李静雯；第三章的作者是宋斯文；第四章的作者是李静雯；第五章的作者是安莎莎；第六章的作者是范晨。这几位作者都是背景不凡的社会工作者，他们都经历过良好的专业教育，是法学、心理学、社会工作等领域的研究生，掌握科学的方法；他们都有立足基层、脚踏实地的社工经验，曾经与不同类型的家长、未成年人有过以工作为目的的交往与互动，具有实案的积累；他们都孜孜以求，不仅热爱社工职业而且有着强烈的社工情怀，具备职业操守。在本书中，作者们对困境青少年做出了不同以往的分类——高风险、高挑战、偏差青少年的分类方法可以对帮扶对象进行精准定位，并且依据各类型的原因线索提出问题解决的方案。全书对社会工作者如何在现实生活中开展困境青少年的实务介入进行阐述这一过程中，社会工作者是怎样探寻个案少年切实需求的；在不同阶段，社工又将扮演着怎样的角色，发挥着怎样的作用；作者们根据近年来实务工作过程中的真实案例，借助困境青少年相关的社会工作理论、视角与介入模式，与各位读者一起探索社会工作介入高风险青少年、高挑战青少年和偏差青少年时，常用的辅助性工具和具体的工作路径等，并进行了科学性、操作性极强的介绍。

本书的领衔者是孙博洋、徐胤。前者是热爱共青团，青少年权益工作的先行者；后者是年轻学者，社会工作的践行者。

孙博洋，2016 年从北京大学到共青团北京市朝阳区委员会，主管青少年权益工作近 5 年的时间，致力于构建朝阳区未成年人保护体系，不断完善困境青少年帮扶机制，一是形成"区级统筹、街乡推进、社会单位参与、专业社会组织指导"的帮扶工作格局。二是联合公、检、法、司法、教委等未成年人保护委员会成员单位，打造未成年人"监测预防、发现报告、应急处置、评估转介、帮扶干预"工作机制。三是着力推动司法社工队伍培养，建设一支人员稳定、专业能力突出的合适成年人队伍，帮助触犯法律未成年人维护合法权益。四是建立"学校社区并行推进"的朝阳亲职教育模式，大力推进家庭教育，提升监护人的科学教育能力，不断改善未成年人成长环境。

徐胤，是我欣赏的学生，在他身上集合着许多社工从业者的特质。一是责任感，有如强大的超我引领着他近于疲命的奔波，一年 365 天永无休止。二是接地气，本可以稳坐高阁，评书论道，但他并不满足，反而致力于用更符合每个家庭现实需求的问题解决方法去丰富、调整理论上的不足和制度上的缺陷，身体力行地扎根基层，成了一位可与三教九流谈天说地的行者。三是坚守的毅力，北京市朝阳区方舟社会工作发展中心已经成立 7 年，在他的坚守下顽强生存，历久弥坚，值得称道。

　　专业的事情交给专业的人去做，我相信以孙博洋、徐胤为代表的年轻人们终究会成为我国预防与减少未成年人犯罪的中坚力量，这不仅仅因为他们专业，更因为他们用心！

中国政法大学教授

马　皑

2021 年 2 月

目 录

第一章　导论

第一节　青少年相关概念辨析

青少年阶段是人生中最为重要和关键的一个阶段，具体来讲，它既包含少年阶段（14~18岁）也包括青年阶段（18~35岁）。[1]在这一时期，青少年的世界观、人生观和价值观迅速形成。埃里克森曾在他的人生八阶段理论中阐述了处于青春期的少年们所面临的挑战，即"自我同一性和角色混乱的冲突"。同时，他进一步将同一性危机理论用于解释青少年对社会不满从而作出犯罪行为的问题上。在他看来，"如果一个儿童感到他所处的环境剥夺了他在未来发展中获得自我同一性的种种可能，他就将以令人吃惊的力量抵抗社会环境。在人类社会的丛林中，没有同一性的感觉，就没有自身的存在，所以，他宁做一个坏

---

〔1〕　在中共中央、国务院印发的《中长期青年发展规划（2016—2025年）》中，规定青少年年龄为14~35岁；在中央综治委预防青少年违法犯罪工作领导小组和中央社会治安综合治理委员会办公室联合下发的《关于开展重点青少年群体教育帮助和预防犯罪工作试点的通知》中，将青少年的年龄界定在6~26岁；在《青少年社会工作服务指南》国家标准中，明确规定青少年年龄为6~35岁。结合上述各文件规定及当前我们在工作实践中所接触到的具体案例，本书将青少年群体的年龄界定为14~35岁，其中14~18岁为少年阶段，18~35岁为青年阶段。

人，或干脆死人般地活着，也不愿做不伦不类的人，他自由地选择这一切"。由此观之，青少年阶段在人生成长过程中的重要性不容忽视。

"少年强则国强，少年独立则国独立；少年自由则国自由，少年进步则国进步"，梁启超的一首《少年中国说》让近代国人听到了中国青少年的声音，看到了中国青少年的力量。自中华人民共和国成立尤其是党的十八大以来，成长中的青少年群体便成为党和国家的重点关注对象。与青少年相关的工作重点有二：一是预防青少年违法犯罪，二是维护青少年的合法权益。于是，关于各种青少年的名词层出不穷，例如重点青少年、问题青少年、三失青少年、街头青少年、闲散青少年、偏差青少年和越轨青少年、困境未成年人等。在青少年这一名词前的各种形容词试图尽力凸显某一类型的青少年。然而，如果我们仔细进行分析，便会发现这些名词概念的背后，其实质内核是相通的，只不过分类标准不同，所以由不同的形容词来对青少年加以冠名。

一、重点青少年

"重点青少年"概念的提出，起源于国家对青少年犯罪预防工作的开展。1979年8月17日，中共中央转发了中央宣传部等8个单位联合作出的《关于提请全党重视解决青少年违法犯罪问题的报告》，首次明确提出要将青少年的违法犯罪问题提升到中央工作的层面；随后《中共中央关于进一步加强青少年教育预防青少年违法犯罪工作的意见》《中央社会治安综合治理委员会关于进一步加强预防青少年违法犯罪工作的意见》及《中央社会治安综合治理委员会关于深化预防青少年违法犯罪工作的意见》等文件陆续出台。在这些文件中，国家将"重点青少年"视为预防青少年违法犯罪的重点关注人群，尤其是在 2010 年，由中央社会治安综合治理委员会（以下简称中央综治委）预防青少年违法犯罪工作领导小组和中央综治委办公室联合下发了《关于开展重点青少年群体教育帮助和预防犯罪工作试点的通知》，首次明确指出"重点青少年"包含"闲散青少年、不良行为或严重不良行为的青少年、流浪乞讨青少年、服刑在教人员未成年子女和农村留守儿童"五类。具体来讲，闲散青少年是指 6～25 周岁同时满足不在学、无职业两个条件的自然人。值得注意的是，因自身健康、家庭变故或其他不可抗拒的原因而导致无法升学、无法工作的青少年不应被认定为闲散青少年。有不良行为或严重不良行为青少年则是指 1 年内有过《预防未成年人犯罪法》中第 14 条、第 34 条规定之情形的 6～25 周岁自然人。受救助的流浪乞讨青少年是指接受过民政部门的救助机构救助的、离家在外、无固定职业、居无定所且流浪乞讨状态持续半年以上的 6～25 周岁自然人。农村留守儿童指父母双方或一方长期（持续半年以上）在外打工而被留在农村老家（户籍地或常住地）的 6～18 周岁的自然人。服刑在教人员未成年子女是指父母一方或双方正在监狱服刑或正在被劳动教养的 6～18 周岁的自然人。

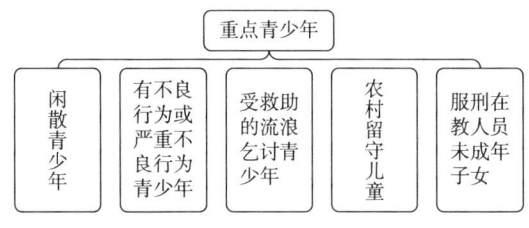

图 1-1 重点青少年概念

　　当前，学术界对于"重点青少年"的阐述，也多遵从国家所划定的概念内涵，并没有对此展开其他的论述与研究。学界尤其是青少年社会工作的研究领域，大多基于已有的"重点青少年"内涵进行有关社会工作如何有效介入其中的专业探讨，尝试以青少年社会工作的干预方法实现预防或减少青少年犯罪的目的，维护青少年的合法权益。

二、三失青少年、街头青少年与闲散青少年

三失青少年，意为"失学、失管、失业"青少年。具体来讲，失学青少年是指中途辍学或者丧失求学机会的青少年；失管青少年是指脱离学校、社区和家庭管教的青少年；失业青少年则是指尚未有稳定的工作，处于寻找或准备寻找工作阶段的青少年。由于这部分青少年平日里多混迹于街头或其他娱乐场所，因此学术界（社会学、人类学与心理学）通常将此类少年称之为"闲散青少年"或"街头青少年"。这些青少年跟一般青少年最大的不同在于他们对个人、家庭、学校、社会等没有系统认知，更谈不上伦理道德等基本修养，且由于没有接受正规教育，法律意识淡薄，很容易就走上违法犯罪道路。[1]

对"三失青少年"的研究，最早可以追溯到美国芝加哥学派的威廉·富特·怀特对"街头青少年"展开的研究。他在《街角社会》一书中，对当时的"街角帮"——闲荡在街头巷尾的意大利裔青年——进行了参与式观察的田野调查。在他看来，这些少年群体有着他们特定的生活状况，熟知自己所生活的社区环境，并长期以来自发形成了非正式组织的内部结构及

---

〔1〕 甘满堂、李振亚："城市流动人口中'三失'青少年的社会工作干预"，载《重庆工商大学学报（社会科学版）》2015年第4期。

活动方式,与社区社会结构彼此相互作用。[1]之后,纳米比亚社会学家彭佩拉尼·穆福恩在南部非洲地区,对非洲街头青年从身份背景、引发原因以及相关干预政策的制定等三个方面展开分析,提出整治"街头青少年"现象要多部门联合,走综合治理之路。[2]20世纪90年代末,我国也开始了对"街头青少年"现象的研究,张园在《走进街角社会》一文中,以生动形象的场景描绘将我们带到这些"街头青少年"所生活的世界中,文章对"街头青少年"的外形、行为方式和心理特征[3]及整体的类型[4]、形成原因展开详细的分析[5]。马德峰、李梅等人在《透视街角社会——对苏北小镇一街角青年群体的调查》中进一步指出,尽管当前对街角青年的研究颇有成果,但对街角青年的具体定义却一直存在着分歧,"联合国儿童基金会认为,对街角青年应视其与照顾他们、为他们提供住所的成年人的关系而分门别类,分为街上的青年和街头流浪青年"。[6]其中,街上的青年主要指与家庭保持着联系,只是在街上参与经济活动的青年,他们会偶尔回家,有家的归属感;而街头流浪青年则是指脱离了父母的管教,独自在外生活的青少年。这一研究将

---

〔1〕 [美]威廉·富特·怀特著,黄育馥译:《街角社会:一个意大利人贫民区的社会结构》,商务印书馆2005年版。

〔2〕 彭佩拉尼·穆福恩、黄觉:"南部非洲的街头青年",载《国际社会科学杂志(中文版)》2001年第2期。

〔3〕 冲动、焦虑、冷漠、麻木、残酷、反社会意识十分强烈,并不相信社会上存在着真正的友谊和爱情,不存在所谓的道德和良心。

〔4〕 犯罪型:他们喜欢聚集在一起,通过偷盗、抢劫等手段获得物质利益;冲突型:酷爱滥交,热衷于领地的防护和团伙之间的交战;退却主义型:无明显重大活动,只是追求刺激,以填补内心的空虚。

〔5〕 张园:"走近街角社会",载《社会》1997年第7期。

〔6〕 马德峰、李梅:"透视街角社会——对苏北小镇一街角青年群体的调查",载《社会》2002年第9期。

"街头青少年"定义为"长时间待在街角；街角闲逛成为一种生活方式；没有从照管的成年人那里得到足够的保护、监督，但保持一定联系"的青少年。这无疑是对"街头青少年"研究的深化，在此基础上，符平进一步对"街头青少年"及其与相关人群的联系展开分析，为研究"街头青少年"提供了更广阔的视野。[1]之后，越来越多的国内学者开始关注"街头青少年"这一群体，黄海从越轨社会学和亚文化理论入手，进一步剖析"街头青少年"形成及作出犯罪行为的原因[2]，他提出，主流社会对这些青少年的漠视和歧视，无形中进一步强化了他们的非主流性；李金亚和管雷则聚焦于"街头青少年"群体的形成阶段、类型及特点分析。[3]香港大学社会工作及社会行政学系副教授李永年则通过对过往"街头青少年"服务工作的成效梳理，总结出了香港特别行政区对"街头青少年"群体有效治理的四元素："与工作对象建立互信；工作员作为学习榜样；鼓励服务对象参与协助过程；容许服务对象从错误中学习"，[4]为我们开展社会工作介入工作提供了经验参考。

近年来，"街头青少年"的说法逐渐淡化，政府文件及社会

〔1〕 符平："新街角青年的浮现——对湖南 H 镇一类青年的调查与分析"，载《青年研究》2003 年第 11 期。

〔2〕 黄海："解读'街角青年'——一个亚犯罪青少年群体的前期生态调查与分析"，载《青少年犯罪问题》2005 年第 2 期；黄海："解密'街角青年'——一种越轨社会学和亚文化理论的研究"，载《青年研究》2005 年第 2 期；黄海："'灰色街角社会'的逻辑演绎和路径依赖探析——对湖南长沙某'街角青年群体'的实证考察"，载《中共福建省委党校学报》2007 年第 2 期。

〔3〕 李金亚、管雷："街角青年群体形成阶段、类型及其特点探析"，载《青年探索》2007 年第 1 期。

〔4〕 李永年："'街头青少年工作'的有效治疗四元素"，载《青年探索》2011 年第 1 期。

组织更多开始用"三失青少年"的概念。这一概念相较于"街头青少年"来讲更加中性化，同时内涵进一步扩大，成为"失学、失业、失管"青少年的统称。这些青少年并非注定会走向犯罪，但他们的处境却时刻提醒我们要去重点关注，并需要对他们的成长加以正确的引导。

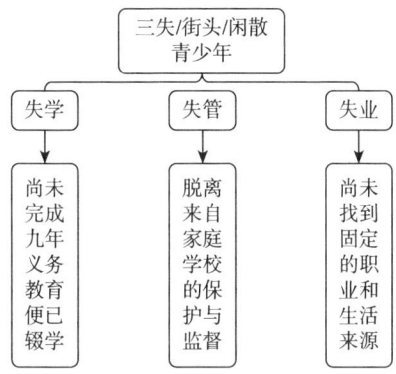

图1-2　三失/街头/闲散青少年

三、偏差青少年与越轨青少年

偏差行为与越轨行为是当前研究青少年行为的高频词汇。那么，何为偏差行为？何为越轨行为？社会心理学家沙香莲认为，偏差行为是人们在遵守社会规范的过程中出现的背离、违反社会规范的行为。[1]美国社会学家道格拉斯在其撰写的《越轨社会学》一书中则指出，"越轨行为是在一个社会中，被社会成员判定为违反其社会准则或价值观念的任何思想和行为，它包括犯罪、违法及违反道德规范、社会习俗的所有思想和行

---

[1] 沙香莲：《社会心理学》，中国人民大学出版社1995年版，第183~185页。

为"。[1]仔细对比上述对偏差行为和越轨行为的界定含义，不难发现其二者之间有着高度的重合性。因此当前部分学者认为，所谓偏差行为，又称为越轨行为或偏离行为。由此便可以解释为何在青少年的相关研究中，时常存在着"偏差青少年"与"越轨青少年"混用的情况。例如，费梅苹和许莉娅等学者在她们的研究[2]中对"偏差青少年"与"越轨青少年"两个概念便暂未做具体区分。部分学者同她们一样，在开展的相关研究中将越轨青少年与偏差青少年均界定为"作出一系列违反社会规范行为的青少年"，并在此范围内展开对具体偏差行为或越轨行为的分析。

20世纪末，澳门大学李小鹏曾在我国澳门特别行政区对当地在学青少年的偏差行为开展了问卷调查，在他的问卷中，将偏差行为按照青少年的个人生活、家庭生活和校园生活三大类细分为50种。[3]崔丽娟根据偏差行为的危害性，将其进一步界

---

〔1〕 [美]道格拉斯、[美]瓦克斯勒著，张宁、朱欣民译：《越轨社会学概论》，河北人民出版社1987年版，第19页。

〔2〕 许莉娅："偏差行为青少年犯罪预防的社会工作介入——以北京市流浪儿童与社区青少年犯罪预防为例"，载《中国青年政治学院学报》2011年第3期；费梅苹、何扬琼："外来务工越轨青少年的生命历程研究——以X村外来务工青少年为例"，载《社会建设》2016年第1期；费梅苹："偏差青少年同伴圈的形成研究及对社会工作的启示"，载《华东理工大学学报（社会科学版）》2010年第3期；费梅苹、何扬琼："社会化视角下的农村进城务工青少年越轨行为研究"，载《青少年犯罪问题》2014年第3期；费梅苹："偏差青少年边缘化过程的互动机制及行为逻辑研究"，载《社会科学杂志》2010年第2期；昌永菲、费梅苹、黄丹青："社会工作视角下的偏差青少年自我概念干预"，载《当代青年研究》2014年第5期；费梅苹、阮曾媛琪、陈沃聪："上海偏差青少年边缘化的过程研究——扎根理论研究方法的运用"，载《中国社会工作研究》2010年第1期。

〔3〕 李小鹏："澳门在学青少年偏差行为和观念的比较研究"，载《当代青年研究》1999年第2期。

定为以下 3 种[1]：一是犯罪行为，包括故意杀人、故意伤害致人重伤或者死亡、强奸、抢劫、贩卖毒品、放火、爆炸、投毒等；二是一般的违法行为，包括偷盗、打架斗殴等；三是普遍意义上的不良行为。吴宪宗则依据偏差行为的影响将其划分为不适当行为、异常行为、自毁行为、不道德行为、反社会行为和犯罪行为。[2]具体来讲，不适当行为表现为违反特定场合的特定管理规范，但并未对社会造成严重损耗的行为，如逃学、考试作弊等；异常行为指因精神疾病或心理变态导致的违反社会规范的行为；自毁行为指违反社会规范的自我毁坏或自我毁灭行为，如吸毒、酗酒、自杀等；不道德行为指违反人们共同生活及其行为准则，会受到舆论谴责的行为。[3]反社会行为即为一种以故意或非故意的态度，做出的有可能对社会造成危害又尚未达到犯罪的行为。郭伟和在《越轨青少年社会干预的基本倚重和工作策略》一文中指出，"越轨青少年作为一个群体概念是从社会病态的宏观视角和行为偏差的微观视角来定义一种社会现象的，试图从一种常态模式出发采取控制和辅导两种策略来矫正越轨群体，维护社会系统的常模"。熊谋林等人认为，"越轨是指那些违反重要的社会规范和要求并因此受到许多人否定评价的行为，越轨青少年即指作出偏离或违反一定社会行为

〔1〕 崔丽娟、黄敏红："流浪亚文化下的青少年偏差行为研究"，载《青少年犯罪问题》2009 年第 1 期。

〔2〕 吴宪宗主编：《教矫若相宜可防子不肖——青少年不良行为的心理与防治》，山东科学技术出版社 2000 年版。

〔3〕 魏爽："偏差行为青少年群体的社会支持网络研究"，载《中国青年研究》2007 年第 11 期。

规范行为的青少年"。[1]

根据上述学者们的研究结果，"偏差青少年"与"越轨青少年"只是一类群体的不同称呼而已。然而，也有部分学者对于"偏差青少年"与"越轨青少年"的具体界定有所不同。在他们的研究中，偏差青少年指的是尚未达到犯罪行为的青少年。例如，昌永菲认为偏差行为指的是被公安机关作出治安处罚或暂缓治安处罚的，或被检察机关批准作相对不起诉的，或被法院批准作暂缓判决处理的及严重危害社会尚不够刑事处罚的有违法行为的社会闲散青少年。[2]张喻和雷振辉认为偏差行为是指"个人作出的违反社会公共秩序和道德的行为，或违反法律规定、具有一定社会危害性但尚不构成犯罪或不作为犯罪处理的行为"。[3]由此，偏差青少年即为虽然作出一些违反社会行为规范，但尚未构成违法和犯罪的青少年。

实际上，无论是"偏差青少年"还是"越轨青少年"，这两个概念都是从我国对未成年人开展的预防犯罪工作中逐步提炼出来的。1999年，我国在《预防未成年人犯罪法》中明确指出，未成年人的偏差行为应当包括"不良行为"和"严重不良行为"两种。其中"不良行为"包括：旷课、夜不归宿；携带管制刀具；打架斗殴、辱骂他人；强行向他人索要财物；偷窃、故意毁坏财物；参与赌博或变相赌博等[4]。而"严重不良行

〔1〕 熊谋林等："青少年越轨、犯罪与'社会—体化'预防理念——基于四川省三市调查的启示"，载《预防青少年犯罪研究》2015年第1期。

〔2〕 昌永菲、费梅苹、黄丹青："社会工作视角下的偏差青少年自我概念干预"，载《当代青年研究》2014年第5期。

〔3〕 张喻、雷振辉："试论未成年人偏差行为及其矫治"，载《青少年犯罪问题》2000年第1期。

〔4〕 《预防未成年人犯罪法》第14条。

为"则表现为结伙滋事，强行索要，偷窃赌博，吸毒淫乱等且屡教不改的违法行为。[1]2003 年，由中国人民公安大学李玫瑾教授带领的"未成年人违法犯罪的心理路径与行为路径"课题组，对违法犯罪未成年人的偏差行为路径作了详细的分析。据研究结果表明，未成年人出现的偏差行为大体上有 19 种，按出现频次排列为："曾经抽烟、未经老师批准逃学、口头辱骂他人、出入娱乐场所（歌厅、酒吧等）、夜不归宿或很晚才回家（学校）、曾经喝酒、与他人发生肢体冲突、阅读不健康书籍或看成人电影、与他人发生性关系、打群架、玩一些暴力游戏、偷拿过他人财物、离家出走、参加各种团伙活动、通过恐吓等方式向他人索要财物、和他人赌钱、无辜破坏公物或他人财物、曾偷偷尝试毒品"；[2]做出"偏差行为的年龄平均在 12 岁至 16 岁之间，13 岁至 14 岁和 14 岁至 15 岁这两个年龄段属于偏差行为高发年龄段"，同时，根据研究发现，犯"不同罪型的未成年人的偏差行为与其罪型的特点基本一致"。[3]换句话说，对于未成年人来讲，倘若他们的不良行为不能及时得到控制，很有可能会进一步发展为严重不良行为甚至是犯罪行为。

因此，我们可以将"偏差青少年"和"越轨青少年"放在一起理解，它们既包含犯罪青少年、触法青少年，同时也包含不良行为青少年。这一点与日本《少年法》中所提到的"非行青少年"的内涵有着高度的相似性，只是"非行青少年"的界

[1]《预防未成年人犯罪法》第 34 条。
[2] "未成年人违法犯罪的心理路径与行为路径"课题组、刘慧娟："违法犯罪未成年人偏差行为的路径分析"，载《预防青少年犯罪研究》2013 年第 3 期。
[3] "未成年人违法犯罪的心理路径与行为路径"课题组、刘慧娟："违法犯罪未成年人偏差行为的路径分析"，载《预防青少年犯罪研究》2013 年第 3 期。

定中对犯罪青少年和违法青少年的年龄作了详细的划分。在我国，不良行为又被进一步划分为不适当行为、异常行为、自毁行为、不道德行为、反社会行为。基于此，我们可以对"偏差青少年"或"越轨青少年"具体类型作出如下图示：

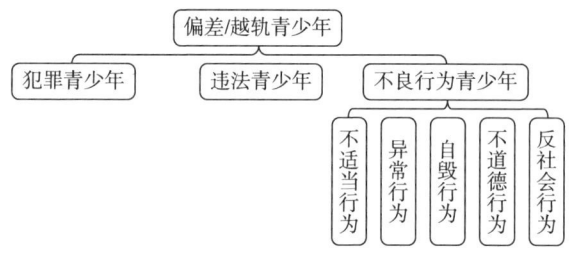

图 1-3　偏差/越轨青少年

四、困境儿童（未成年人）

困境儿童的概念起初起源于西方国家的社会福利政策，后来在《九十年代中国儿童发展规划纲要》中才有了我国现在意义上"困境儿童"概念的雏形。该纲要指出，"处于困难条件下的儿童主要包括农村的独生子女和女童、残疾儿童、离异家庭的儿童、单亲家庭的儿童、流浪儿童、经济欠发达地区的儿童和家庭经济困难的儿童"。21 世纪伊始，随着《中国儿童发展纲要（2001—2010 年）》的发布，我国民政系统开始在儿童保护工作中使用困境儿童的概念，但当时仍将困境儿童界定为"流浪儿童救助保护项目、孤儿家庭寄养和助养项目、艾滋孤儿救助项目"。随后，地方政府也开始关注困境儿童，在各地政府的相关文件中，有的将困境儿童界定为"0～18 岁的残疾家庭、残疾儿童、孤儿、特困户家庭、丧偶、父母分居、父母离异、再婚家庭和服刑家庭";〔1〕有的将困境儿童与孤儿并列，困境儿童主要指"流浪、事实无人抚养、重病残疾和低保家庭的儿童等"。〔2〕2013年，十八届三中全会通过了《中共中央关于全面深化改革若干重大问题的决定》，文件明确指出要"健全困境儿童分类保障工作"。2014年，民政部积极响应中央号召，按照"分层推进、分类立标、分地立制和分标施保"的原则，将儿童分为"孤儿、困境儿童（包括残疾儿童、重病儿童和流浪儿童三类）、困境家庭儿童、普通儿童"四个层次。〔3〕其中，困境家庭儿童与困境儿童有着本质上的不同。在民政部《关于开展适度普惠型儿童福利制度建设试点工作的通知》中，将困境儿童认定为因儿童自身引发的困境，通常表现为两类："一是因重病、残疾、流浪给儿童身心带来痛苦；二是重病或者残疾耗费家庭巨大的人力、物力，进而引起家庭的经济困难，父母没有足够的人力物力去保障，甚至出现歧视而放弃治疗遗弃，使他们处在困境之中"。〔4〕

2013年5月6日，民政部正式下发了《民政部关于开展未成年人社会保护试点工作的通知》，将困境未成年人确定为"流浪乞讨、失学辍学、留守流动、监护缺失"等几大类。2014年，关于困境未成年人保护的试点工作在南京进行，南京将"困境未成年人"进一步界定为五类未成年人群体，包括流浪乞讨、

〔1〕 卢湾区地方志办公室编写：《卢湾年鉴》，汉语大词典出版社2004年版。
〔2〕 浙江省人民政府办公厅：《关于加快发展孤儿和困境儿童福利事业的意见》，2011年。
〔3〕 滕洪昌、姚建龙："困境儿童概念辨析"，载《社会福利（理论版）》2017年第11期。
〔4〕 杨智平、郑坚铭："试论'困境儿童'概念的内涵"，载《海南热带海洋学院学报》2017年第3期。

监护缺失、留守流动、家庭暴力、特殊困难等。其中特殊困难是指因家庭贫困难以顺利成长的未成年人，自身遭遇重病重残等特殊困难的未成年人，以及部分涉案未成年人。[1]此后，"困境儿童"和"困境未成年人"的概念开始交叉使用。然而，值得注意的是，我国政府将儿童的年龄区间设置为 0～14 岁，未成年人的年龄区间为 0～18 岁。从这一意义上讲，"困境儿童"与"困境未成年人"在界定的人群范围上有所差别。

2016 年，《国务院关于加强困境儿童保障工作的意见》印发，该意见指出，"困境儿童包括因家庭贫困导致生活、就医、就学等困难的儿童，因自身残疾导致康复、照料、护理和社会融入等困难的儿童，以及因家庭监护缺失或监护不当遭受虐待、遗弃、意外伤害、不法侵害等导致人身安全受到威胁或侵害的儿童"。[2]至此，"困境"开始成为专用形容词，被运用到各年龄段的人群前面。

综合上述对困境儿童和困境未成年人的界定范围，我们可以将困境未成年人的群体确定为以下几类：一是流浪乞讨未成年人；二是监护缺失未成年人；三是留守儿童；四是长期经受家庭暴力的未成年人；五是面临特殊困难的未成年人。

五、小结

通过对上述相关概念的梳理，我们可以看到国内当前对"青少年"和"未成年人"两个群体名词的使用较为直接，很少有相关研究给出明确的"青少年"年龄范围。有的会将青少年默认为

---

〔1〕"南京市试点保护'困境未成年人'"，载人民网，http://society.people.com.cn/n/2014/1024/c1008−25899418.html，访问时间：2014 年 10 月 24 日。

〔2〕《国务院关于加强困境儿童保障工作的意见》，2016 年。

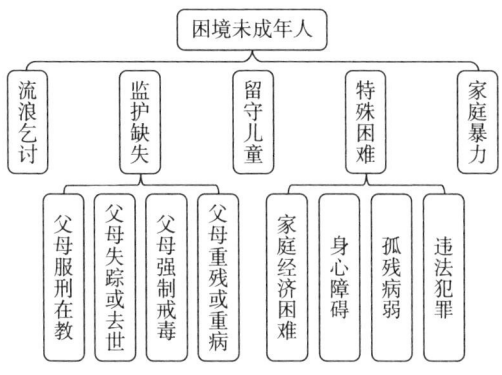

图 1-4 困境未成年人

和未成年人一样的年龄范围，有的会将青少年界定为 6~25 周岁，还有的会将青少年默认为 28 周岁以下。国际《儿童权利公约》里指出年龄在 18 周岁以下的都是儿童，其中少年儿童指的是 14~18 周岁。1992 年，《儿童权利公约》在我国正式生效。2019 年 6 月 28 日，共青团中央社会联络部、民政部慈善事业促进和社会工作司为进一步落实《中长期青年发展规划（2016—2025）》，在北京联合召开了《青少年社会工作服务指南》（以下简称《指南》）发布会。《指南》中明确规定了我国青少年的年龄界限为 6~35 岁。这一规定为我们研究青少年群体提供了权威的参考标准。基于此，本研究根据上述有关儿童、少年儿童和青少年的具体权威规定，结合实际工作过程中所接触到的案例群体，将本书中的青少年群体的年龄阶段界定为 14~35 周岁，其中 14~18 周岁为少年阶段，18~35 周岁为青年阶段。

此外，通过概念的梳理，我们也可以清晰地看到"重点青少年""三失青少年""街头青少年""偏差青少年""越轨青少年"与"困境未成年人"在内涵上均有重合。例如在重点青少年中，包含的闲散青少年即与三失青少年和街头青少年的含义差不多；同时不良行为或严重不良行为的青少年也是"偏差青少年"和"越轨青少年"所包含的主要青少年类型；而流浪乞讨青少年、农村留守儿童和服刑在教人员未成年子女等类型群体同样是"困境未成年人"的重要组成群体。为进一步更加清晰的呈现上述各概念之间的关系，我们可以用下图表示：

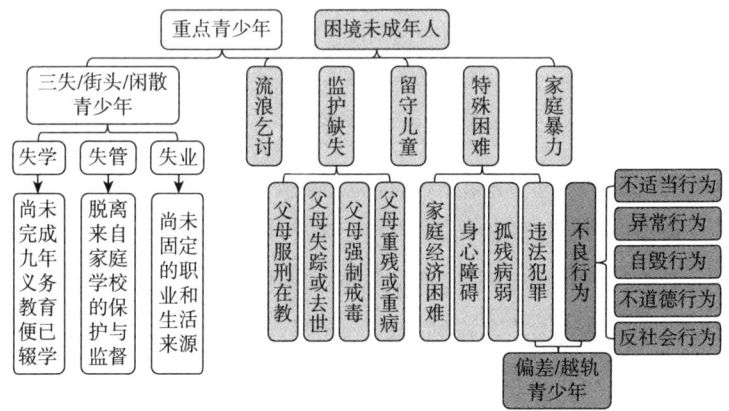

图 1-5　多重青少年概念关系图

第二节　困境青少年

通过上节对青少年各概念的梳理与对比，我们可以发现：实质上，"重点青少年"和"困境未成年人"两个概念下所涉及的所有青少年类型，已经基本可以涵盖所有需要我们关注的青少年群体类型，即：失学、失业、失管青少年；流浪乞讨青少年；监护缺失青少年；留守儿童；特殊困难青少年；经受家庭暴力的青少年；违法、犯罪、不良行为青少年等。为了方便我们接下来对上述这些青少年开展介入路径的研究，不妨将"重点青少年"和"困境未成年人"两个概念进行合并重新分类。

"困境"一词往往指困难的处境,通常用来形容一个人处于困难的境地,需要他人进行帮助、爱护、照顾;而"重点"一词,意为同类中需要特殊关注的一类,用来形容青少年即为需要特殊关注的青少年。"困境"与"重点"相比较,"困境"一词更能客观地、不带感情色彩地描述当前这些青少年的生活状况。基于此,本研究拟在"困境未成年人"概念内涵的基础上整合"重点青少年"概念内涵,以"困境青少年"这一概念统合上述所有类型青少年。

所谓"困境青少年",指14～35周岁因外在客观环境、内在心理生理因素或自身行为导致自己处于困难境地,亟需国家、社会与相关社会组织关怀的青少年群体。根据导致其身处困境的不同生发因素,从社工工作的角度,可将其大致分为以下三大类:

一是高风险(high-risk)青少年,指因家庭、经济、社会亚文化等外在因素,成为相对弱势的青少年群体,如高风险家庭青少年、留守儿童、孤儿(含事实孤儿)、流浪乞讨青少年和失学失业青少年等;

二是高挑战(high-challenge)青少年,指青少年本身正面临或已遭遇特殊境遇、紧急事件与伤害侵犯等状况,产生心理创伤,需要社会立即介入处理的青少年群体,如伤残病弱、受人虐待的青少年等;

三是偏差(deviant behavior)青少年,指具有触法行为、涉罪行为或不良行为,亟待我们去加以正确行为引导的青少年。

由于偏差青少年在上一节中已经具体讨论过,因此本节将阐述的重点放在高风险青少年和高挑战青少年的具体类型上,对于偏差青少年不再展开详细阐述。

一、高风险青少年

高风险青少年具体由高风险家庭青少年、孤儿（含事实孤儿）、失学失业青少年、流浪乞讨青少年和留守儿童构成。高风险家庭（high-risk family）的定义较早见于研究者对美国新墨西哥州的家庭调查报告，他们将存在"青少年未婚怀孕、单亲、离婚、虐待、物质滥用以及有受到财产禁治及入监服刑的双亲"的家庭定义为高风险家庭。[1]此后有学者认为，高风险家庭有四个触发问题行为的危险因子，分别是：①孩子机体上或气质上的问题；②家庭因素（如恶劣的成长环境、家庭压力）；③父母管教无效与对孩子的社会化无效；④早期亲子互动上的问题。[2]

我国大陆地区首先对高风险家庭进行定义的是上海市民政局，在他们的资料中显示："高风险家庭需满足以下两个要件：一是家庭遇到多重生活问题，家庭结构不完整，家庭中主要家庭负担者或者主要照顾者面临风险事件；二是家庭功能无法发挥作用，不会使用或不知如何获取资源及社会支持系统。"[3]之后，民政部社会政策办公室的刘丽娟将高风险家庭定义为因种种原因（如父母服刑、吸毒、严重残疾、有暴力倾向等），生活在这个家庭的儿童有较大概率无法获得适当的生活、精神照顾

---

〔1〕 G. M. Barnes, M. P. Farrell, "Parental Support and Control as Predictors of Adolescent Drinking, Delinquency, and Related Problem Behaviors", *Journal of Marriage & Family*, 54 (1992).

〔2〕 Mark T. Greenberg, Matlnew L. Speltz, Michelle Delelgen, "The role of attachment in the early development of disruptive behavior problems", *Development & Psychopathology*, 5 (1993).

〔3〕 上海市民政局："关于试点开展'高风险家庭综合服务'可行性研究报告（内部资料）"，转引自罗玲："高风险家庭防治：实践困境与干预策略"，载《社会工作》2016年第6期。

而使其正常的身心社会发展受到危害的家庭。[1]由此看来，"高风险家庭"的内涵定义与民政部出台的"困境未成年人"的相关文件中显示的监护缺失家庭的情况极为相似。民政部相关文件中明确指出，由于"父母服刑在教、父母强制戒毒、父母失踪或去世、父母重残或重病"等无法为青少年在成长过程中提供监护功能的家庭即为监护缺失家庭。而"高风险家庭"除了包含因上述种种原因导致的"监护缺失"家庭之外，还包含因其他原因导致的经济困难的家庭。

综上所述，高风险家庭主要是指因家庭成员或者社会经济等外在因素的影响，导致家庭功能不健全从而无法有效为青少年抵抗外来风险的家庭，主要包含以下几类：经济困难、父母服刑在监、父母强制戒毒、父母失踪或去世、父母重残或重病等。在此理解下，高风险家庭青少年即为生活在上述家庭环境下的青少年，他们往往因家庭功能的缺失而无法得到有效庇护，面临着来自社会、网络等各方面的风险。

流浪乞讨青少年，根据《城市生活无着的流浪乞讨人员救助管理办法实施细则》的相关规定，并结合本研究对青少年年龄阶段的界定，指的是14~35周岁（18周岁以下脱离或离开监护人）自己无力解决食宿、无亲友投靠，流落社会连续超过24小时，失去基本生存保障而陷入困境的青少年。[2]"十八大以来，全国累计救助流浪乞讨人员1767万人次，其中未成年人80.8万人

---

〔1〕 刘丽娟、陈云凡："建立我国高风险家庭儿童监测保护体系研究"，载《社会保障研究》2017年第1期。

〔2〕 马蕾："流浪乞讨青少年法律问题及应用对策研究"，载《法学论坛》2015年第4期。

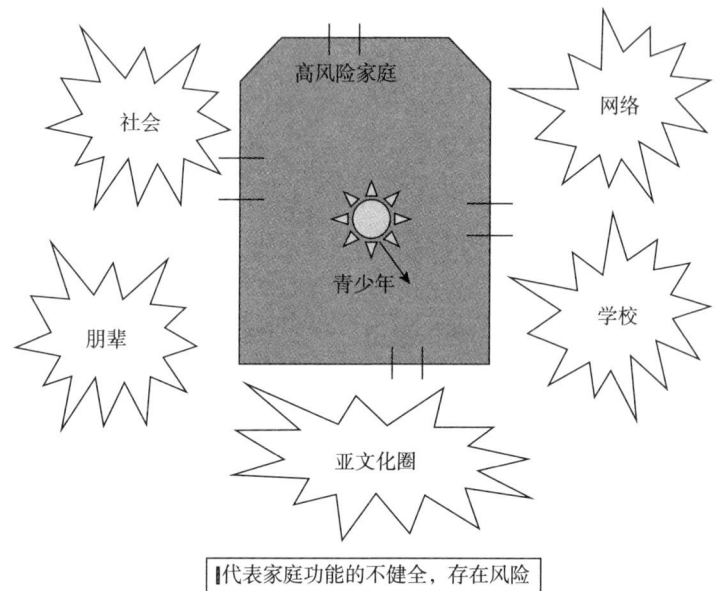

图1-6 高风险家庭青少年

次，占比4.57%”;[1]2018年，"全国共救助流浪乞讨人员146.4万人次，其中未成年人6.8万人次，占比4.64%"。[2]从数据上看，6年来全国流浪乞讨人员在逐年下降，其中未成年人占比基本恒定。本研究中，流浪乞讨青少年年龄范围比未成年人更大，因此在统计中显示的人数更多。这些青少年由于各种原因离家出走，在社会上独自经历着生存与生活的考验。2012

---

〔1〕"民政部召开全国流浪乞讨人员寻亲工作暨2019年救助和托养机构'开放日'活动媒体通气会"，http://www.mca.gov.cn/article/xw/mzyw/201906/20190600017765.shtml。

〔2〕"把全面从严治党的责任扛在肩上抓在手里落在实处——民政部坚决推进全面从严治党向纵深发展"，载中华人民共和国民政部网，http://mzzt.mca.gov.cn/article/zt_14qgmzhy/18mzsy/201903/20190300016022.shtml。

年，贵州毕节被"闷死"在垃圾箱里的 5 位流浪儿童，引发了公众对流浪乞讨青少年群体的高度关注。马蕾曾在山东省内针对流浪乞讨青少年的现状做了一次详细的调研，她们采用问卷调查的方式，"询问人们对流浪乞讨青少年问题的看法及流浪乞讨青少年的具体情况"，调查结果表明，"77.4% 的人对流浪乞讨青少年持同情态度，6.5% 的人持厌恶态度，2.6% 的人持愤怒态度，13.5% 的人没有感觉；当面对流浪青少年群体时，54.9% 的人表示会给钱给食物，27.4% 的人会愿意指引前往救助站，17.2% 的人选择当做没看见并走开，仅有 0.5% 的人会斥责或报警；此外，在关于对流浪乞讨青少年现象看法的问题回答中，认为是个人自由的占 5.3%，认为是妨碍治安的占 17.7%，认为是为生计所迫的占 64%，认为是骗人的占 11.4%，还有占 1.6% 的人认为是涉及其他犯罪；其中，42.1% 的人认为他们会涉及盗窃，14.4% 的人认为他们可能涉及抢劫，39.1% 的人认为可能会涉及诈骗，3.5% 的人认为会涉及打架斗殴，还有 0.9% 的人认为涉及其他犯罪"。[1] 由此可见，民众对流浪乞讨青少年多持同情态度，但同时对他们抱有怀疑，认为流浪乞讨青少年如果得不到关注和关怀，很有可能会发展为触法犯罪青少年。

留守儿童，指"父母双方外出务工 6 个月以上而自己被留在农村居住地与家庭其他成员一起生活的儿童；或者父母一方外出务工 6 个月以上而自己留在农村居住地与另一方无监护能力的父母一起生活的儿童。"[2] 为切实加强留守儿童的关爱服

〔1〕 马蕾："流浪乞讨青少年法律问题及应用对策研究"，载《法学论坛》2015 年第 4 期。
〔2〕 童小军："国家监护视角和困境儿童服务"，载《中国民政》2017 年第 11 期。

务，民政部 2016 年到 2017 年会同教育部、公安部在全国范围内组织开展了农村留守儿童摸底排查，开发了全国农村留守儿童和困境儿童信息管理系统，全面建立信息数据台账。截至 2018 年 8 月底，全国共有农村留守儿童 697 万人。[1] 2019 年，为进一步推动落实《国务院关于加强农村留守儿童关爱保护工作的意见》，民政部、共青团中央等 10 个部门联合印发了《关于进一步健全农村留守儿童和困境儿童关爱服务体系的意见》，主要从提升救助保护机构和福利机构的服务能力、加强基层工作队伍建设、鼓励和引导社会力量广泛参与、强化工作保障四个方面作了部署要求，[2] 以确保留守儿童的保障工作顺利实施。

孤儿，既指失去父母双亲的未成年人；也包含父母没有双亡，但家庭没有能力或没有意愿抚养的儿童，即"事实无人抚养儿童"，简称"事实孤儿"。我国向来重视未成年人的成长，自中华人民共和国成立以来，民政部大力救助"孤儿"群体。据 2018 年《中国儿童发展纲要（2011—2020）》统计监测报告显示，我国孤儿数量连续 6 年持续减少，2018 年全国共有孤儿 30.5 万人，比前一年减少 10.5 万人，下降 25.6%；其中被家庭收养的孤儿 1.6 万人，占孤儿总数的 5.3%，比前一年提高 0.7 个百分点，更多孤儿回归家庭。全国收养机构收留抚养儿童 9.3 万人，其中儿童福利机构收留抚养儿童 4.9 万人，分别比上年

---

〔1〕 "用民政温度托起明天的希望——近年来儿童福利事业发展成就综述"，载中华人民共和国民政部网，http://www.mca.gov.cn/article/xw/mtbd/201904/2019040000016163.shtml。

〔2〕 "关于进一步健全农村留守儿童和困境儿童关爱服务体系的意见"，载中华人民共和国民政部网，http://xxgk.mca.gov.cn/8081/new_gips/contentSearch?id=158484。

下降 12.3% 和 16.9%。[1]然而，据不完全统计，"事实孤儿"在全国有 50 万名左右。因名义上父母尚在，事实孤儿难以获得与孤儿相同的保障。为解决这一困境，2019 年 12 月 7 日，12 部门联合印发《关于进一步加强事实无人抚养儿童保障工作的意见》。同年 7 月 10 日，民政部党组成员、副部长高晓兵在民政部举行新闻发布会表示，中国从 2020 年 1 月 1 日起，全面实施事实无人抚养儿童保障制度。[2]至此，"事实孤儿"正式纳入我国孤儿救助体系。因此，本书中所提及的"孤儿"，既指失去双亲的未成年人，也包含"事实孤儿"。

失学失业青少年，主要指尚未完成九年义务教育而选择中途辍学，且持续 3 个月未找到工作的青少年。这些青少年也是"三失青少年"中的一部分，之所以将失学失业青少年单独放在一起，是因为失管青少年实质上已经为失学、高风险家庭和留守状态的青少年所包含。失学青少年无论是在空间上还是在心理上均脱离了学校，基本上他们不再听从学校老师的管教；同时，高风险家庭青少年本身处于功能缺失的家庭中，因此其在家庭中并不能得到有效的管教；留守儿童更是如此，他们无论是从行为引导上，还是从情绪疏导上，都处于失管的状态。上一节已对"三失青少年"作了详细介绍，在此便不作过多赘述。

二、高挑战青少年

如果说高风险青少年主要在承受来自家庭、学校和社会等

---

〔1〕 "2018 年《中国儿童发展纲要（2011—2020 年）》统计监测报告"，http://www. stats. gov. cn/tjsj/zxfb/201912/t20191206_1715751. html。

〔2〕 "50 万'事实孤儿'谁来管？2020 年起政府统一托底"，载央视网，http://m. news. cctv. com/2019/12/25/ARTItYd14OzNHMg59kaDmGxu191225. shtml。

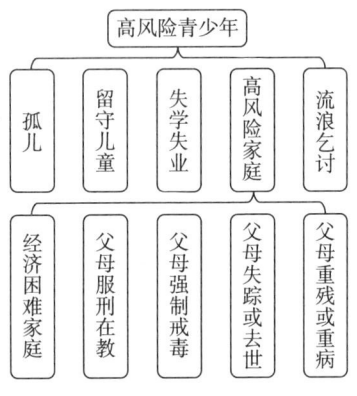

图 1 - 7　高风险青少年

外在环境的负面风险，那么，高挑战青少年则主要面临自己遭遇特殊境遇、紧急事件与伤害侵犯后所产生的内在情绪与情感困扰，形成一定的心理创伤，严重者可能会出现身心障碍，需要社会立即介入处理。具体来说，高挑战青少年主要包含伤残病弱和受人虐待的青少年群体。其中，伤残病弱又可进一步分为重病、生理伤残、智力伤残等；受人虐待又可分为情感虐待、躯体虐待、性虐待和忽视及对其进行商业的或其他形式的精神性剥削。[1]

　　伤残病弱青少年，包含重病、生理伤残和智力伤残青少年等。而这些青少年，又可细分为先天性的和后天性的。先天性和后天性对于当事青少年来说，所形成的影响是不同的。一般来说，在成长过程中突然生重病或致残的青少年，他们往往会承受更加猛烈的情感冲击，对自我的接纳更容易出现问题。因此，当前对于他们除了要给予身体上的关注外，更重要的是要

────────────

〔1〕　牛芳、张燕："社会工作介入儿童虐待问题时遇到的困境分析"，载《社会工作》2013 年第 3 期。

给予心理层面的关注。一方面，由于身体上的伤残，他们极有可能受到同龄人的排斥，表现出不寻常的个性特征；另一方面，他们比普通青少年更加敏感，同时对监护人表现出更强烈的依赖，在生活中不善于交际，通常表现出自卑感，缺乏自信，比普通青少年更容易感到紧张和焦虑。[1]

受人虐待青少年，根据世界卫生组织给出的定义，是"指对未成年人有义务抚养、监管及有操纵权的人，做出足以对未成年人健康、生存、生长发育及尊严造成实际的或潜在的伤害行为，包括各种形式的躯体虐待、情感虐待、性虐待、忽视及对其进行商业的或其他形式的精神性剥削"。[2]由于青少年群体年龄跨度较大，可将其进一步具体细分为受虐未成年人（18周岁以下）和受虐青年人（18~35周岁）。我国医学界曾针对国内青少年受虐状况曾做过专门的调查，结果显示，我国青少年受虐状况不容乐观。2006年，赵丹等曾就某医学院校485名大学生儿童期虐待经历进行了回顾性调查，94.6%的人在儿童期经历过虐待，儿童期躯体虐待发生率为88.0%，其中92.8%男生和80.8%女生经历过躯体虐待；情感虐待发生率为74.4%，其中75.7%的男生和72.5%的女生经历过情感虐待；性虐待发生率为26.6%，其中21.2%的男生和35.2%的女生经历过性虐待。[3]

其中，躯体虐待最好识别，主要包括受家庭暴力、校园欺凌、社会救助组织、非法团伙或遭受其他各类人员的施虐。2004年，

---

〔1〕 罗伯特·T·阿默曼著，田万生译："残疾青少年的心理障碍及其治疗"，载《青年探索》1999年第3期。

〔2〕 转引自牛芳、张燕："社会工作介入儿童虐待问题时遇到的困境分析"，载《社会工作》2013年第3期。

〔3〕 赵丹、李丽萍："某医科院校485名大学生儿童期虐待经历的调查"，载《疾病控制杂志》2006年第2期。

杨林胜等人曾在长沙市抽取 1481 名学生，发现儿童躯体虐待率达 62.4%，严重虐待的占 47.4%，非常严重虐待的占 21.3%。[1]陶 芳标等针对童年期反复发生的重度身体虐待、中度身体虐待的 发生情况进行研究，对 5141 名中学生进行调查，回顾小学阶段 经历的由父母或其他监护人实施的 9 项重度躯体虐待、8 项中度 躯体虐待。童年期反复重度身体虐待报告率为 8.0%，从 0.2% （把头按在水下）到 6.6%（用脚踢）；童年期反复中度身体虐 待报告率为 18.6%，从 0.4%（强迫吃难吃的东西）到 9.7% （用手或棍棒打臀部）。[2]

情感虐待则主要指包含来自父母、老师或其他对青少年具 有特殊意义的人，在青少年的成长过程中，对他们通过施加谩 骂、恐吓、言语侮辱等方式，进行个体情感攻击的行为。陶芳 标曾对我国 5141 名中学生进行过 7 项情感虐待的社会调查，结 果显示，童年期反复情感虐待报告率为 14.4%，从 0.8%（用 恶鬼等恐吓）到 11.8%（责骂）。[3]近年来，我国不断出现高 校学生因承受不住来自导师的情感虐待而自伤、自杀的事件， 这提示我们不得不重视青少年遭受情感虐待的现实困境。

忽视（包含对青少年进行商业的或其他形式的精神性剥 削），也是受虐青少年群体中较为隐蔽的虐待类型，可以具体分 为：身体忽视、情感忽视和教育忽视。身体忽视是指由于营养/ 衣物不足、不卫生、监管不力而导致青少年受到伤害或危害。

---

〔1〕 杨林胜等："家庭中儿童躯体虐待及影响因素分析"，载《实用预防医学》 2004 年第 2 期。

〔2〕 陶芳标等："青少年童年期反复身体和情感虐待经历及其相关因素研究"， 载《中国学校卫生》2006 年第 4 期。

〔3〕 陶芳标等："青少年童年期反复身体和情感虐待经历及其相关因素研究"， 载《中国学校卫生》2006 年第 4 期。

身体忽视的症状有生长发育不良、饥饿、不良的卫生习惯、持续疲劳、冷漠和不合时宜的穿着等。也有学者把监管忽视、卫生保健忽视、营养忽视单独分型，但它们还应属于身体忽视。情感忽视是最难发现和证实的一种类型。尽管身体忽视常常伴随着情感忽视，但情感忽视不一定伴随身体忽视。情感忽视是指没有给予青少年应有的关爱和情感支持。儿童情感忽视者常常比较冷漠，对孩子无动于衷，很少说话或拥抱他们的孩子。教育忽视是指没有尽可能地为青少年提供各种接受教育的机会。最严重的教育忽视是人为地剥夺法律给予青少年的受教育权利。[1]

　　遭受性虐待的青少年，指在成长过程中，遭受来自他人性骚扰、猥亵、强奸、被迫卖淫等行为的青少年。据"女童保护"统计，"2017 年公开报道的性侵儿童案例中受害人超过 606 人（表述为多人受害但没写具体人数的，按 3 人计算），女童遭遇性侵人数为 548 人，占比为 90.43%；男童遭遇性侵人数为 58 人，占比为 9.57%，这一比例较 2016 年的 7.58% 略有升高。报告称，男童被性侵现状同样不可忽视，也更具有隐蔽性；同时相关法律也存在缺失情况，维护权益面临更大的困难。同时，在 2017 年公开报道的 378 起性侵儿童案例中，明确表述人际关系的有 349 起，其中熟人作案 209 起，占比 59.89%；陌生人作案 140 起，占比 40.11%。在近 5 年的统计中，这是公开曝光的案例中熟人作案占比最低的一次，但总体来看，熟人作案比例一直居高，最高为 2014 年达 87.87%。此外，需要注意的是，受害者为农村地区（乡镇及以下）儿童的有 112 起，占比 29.63%；

---

　　〔1〕　陈晶琦："我国儿童忽视问题的研究现状"，载《中国全科医学》2007 年第 1 期。

受害者为城市（含县城）儿童的有 245 起，占比 64.81%"。[1]上组数据为 18 岁以下未成年人受性侵害的数据，青少年群体同样还包含 18～35 周岁的青年群体，倘若加上这一群体，那么关于受性侵害青少年的相关数据只多不少。可想而知，这一困境下的青少年群体数量庞大，亟待我们重点关注，同时值得注意的是，当前不仅仅是女性受害，还有一些男性也是受害者。

基于此，对于受虐青少年来说，当前受到关注最多的便是受家暴的已婚人士群体、遭受校园欺凌群体和高校受有操纵权的老师情感虐待群体。这些受虐群体在面对、经历了充满恐怖气氛和强烈受人控制感的施暴情境后，"极容易出现认知偏差，造成对社交的恐惧、精神焦虑等心理困境"。[2]此时若没有得到及时的心理介入，很容易在日后类似的情境感受下爆发，做出其他偏差行为。在这些受虐情境中，尤其以经历性行为的虐待最为特殊。

社会心理学家道奇（Dodge）认为，早期的受创伤经历或受虐经验很可能会在后期引发个体的攻击行为。他以"认知信息加工理论为基础，认为个体所面临的社会情境的认知过程是攻击行为产生的基础，由此提出了攻击行为的加工模式"。[3]在他的研究中，个体从感知某一特定刺激到形成攻击反应，需要依次经历线索译码、线索解释或表征、澄清目标或选择目标、搜寻或建构新反应、评估与决定行为反应、启动反应等六个阶段。通过上述一系列的心理过程，所有存在于个体记忆中的情境刺激才会转化为事实上的攻

〔1〕 "'女童保护'发布最新调查报告 2017 全年曝光 378 起性侵儿童案"，载凤凰网，https://itech.ifeng.com/44894039/news.shtml。

〔2〕 王君昌："社会工作介入农村家庭暴力的具体策略研究——基于社会心理学视角"，载《云南农业大学学报（社会科学）》2018 年第 5 期。

〔3〕 杨慧芳："早期受虐经验与攻击行为——儿童和青少年攻击行为的社会信息加工模式研究简介"，载《当代青年研究》2001 年第 5 期。

击行为。基于此，在面对由于自身伤残病弱或有过悲惨经历，没有及时得到心理疏导而形成了心理创伤的高挑战青少年时，我们需要从心理学、社会学、社会工作等综合专业视角去分析、介入。

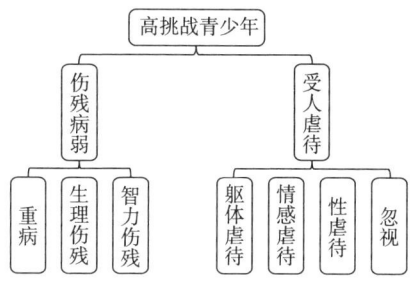

图1-8　高挑战青少年

三、偏差青少年

偏差青少年在上一节中已经具体讨论过，因此本节对于偏差青少年不再展开详细阐述。

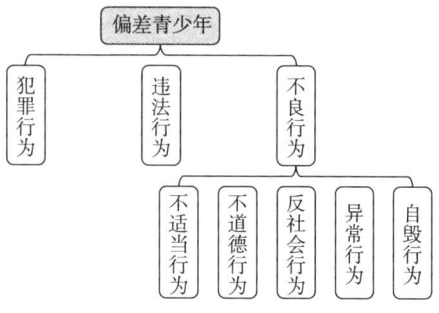

图1-9　偏差青少年

四、小结

具体到本研究，困境青少年主要包含高风险青少年、高挑战青少年和偏差青少年。高风险青少年，由于其外在生存环境的特殊性，加之其原生家庭的庇护能力有限，导致他们在成长过程中形成不健康理念的风险加大。同时，在高风险的境遇中，很容易引发他们内在情绪的紊乱，进而出现身心障碍的情况。在外在环境风险性增大，内在情绪不稳定的综合作用下，这些青少年便有可能形成不良的自我形象、做出一系列的偏差行为，更有甚者将一些偏差行为发展成违法犯罪行为。

这些青少年在成长过程中，往往表现出"高活动性、高自主性、高挑战性，缺乏正向情绪体验，认知扭曲，自我感的掌握低、自我概念模糊、缺乏自信，缺乏学习动机、学业成就差、成就意愿低，不适应学校、法令规范和人际关系不理想的特点"，[1]急需社会工作者通过专业的介入手法，帮助其链接更多更有效的社会资源与社会福利，为其构筑安全的社会支持网络、提升其自我效能感，助其形成自我觉察、自我解决问题的能力，以达到其健康成长的目的。

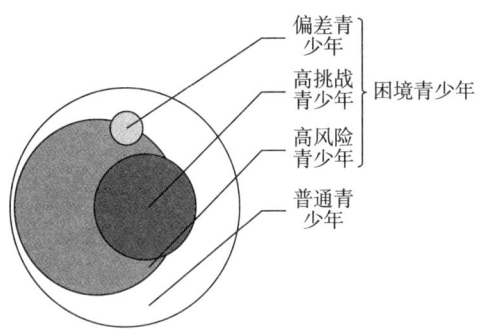

图 1-10　困境青少年概念图[2]

---

〔1〕　陈若昕："体验教育提升关怀青少年自我效能的研究——基于台湾 F 基金会青少年方案的社工实践研究"，华中科技大学 2016 年硕士论文。

〔2〕　当前国家民政部和国家统计局针对上述各类青少年的数据尚未公示，因此，本图只做逻辑概念上的梳理，圆圈大小并不表示实际占比。

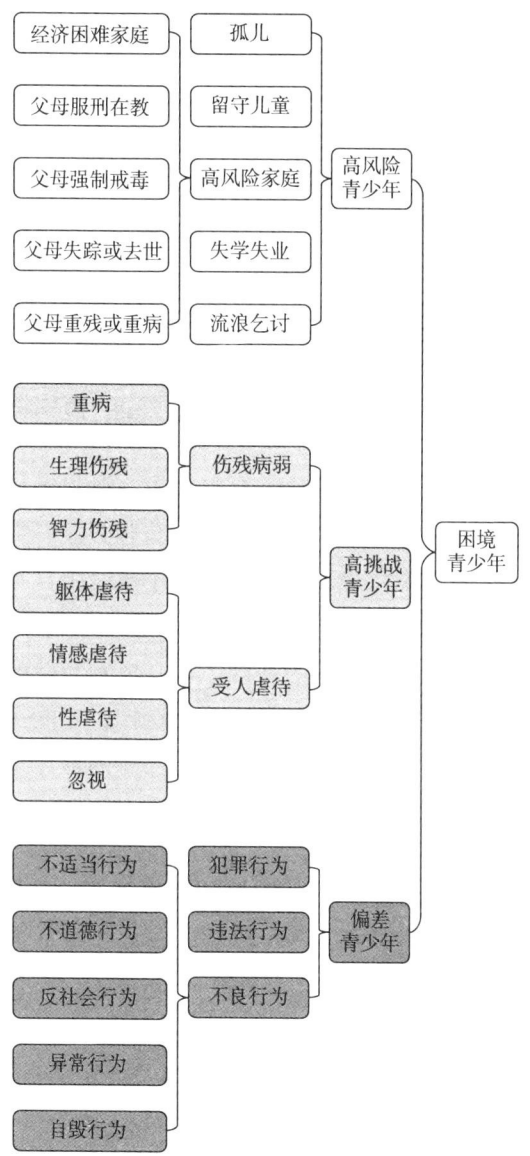

图 1 – 11 困境青少年具体类型

第二章　理论—视角—介入模式

第一节　理论、视角与介入模式间的逻辑概述

在上一章节中，我们已经将青少年相关概念进行了详细的梳理，并对"困境青少年"的概念作了清晰界定。那么，社会工作者尤其是青少年社会工作者，如何才能运用自身的专业所学介入到困境青少年群体中呢？

众所周知，理论是实践的基础，每一个有经验的社工，必然是储备了一定理论知识的社工，只有这样，才能在面对众多情况不一的案主时，迅速调动出大脑中已有的理论架构，从而选取看待、分析案主具体问题的视角，并实施相关介入模式，达到介入效果。

那么，何为理论？何为视角？何为介入模式？关于理论，想必大家都不陌生，它是指"对于特定情况下会发生和可能发生事件的假设、想象或预测"，[1] 理论可以帮助社工理解他所面临的各种情境、困难、行为和经历。视角，则是由具体理论决定的，它指看待、分析问题的具体角度。Saleebey 曾对视角作出

---

〔1〕 ［英］Barbra Teater 著，余潇等译：《社会工作理论与方法》，华东理工大学出版社 2013 年版，第 4 页。

过明确的定义，在他看来，视角"至少是一个立场，看待和理解经历的某些方面的方法。通过它，我们能够有选择地关注与欣赏。它为我们提供了态度亦或倾向——如何对待由文字和原则建构的世界"，换句话说，即如何根据文字和规则去理解当前发生的事情。在明确了基本的理论与视角后，社工才能对具体的案例进行分析，从而确定介入模式，即具体使用何种方法或者手段进行干预、介入。

在介绍具体的社工理论、视角和介入模式之前，我们仍需先讨论一下：社工在具体的社会情境中该如何选择使用何种理论、何种视角以及何种模式？马尔科姆·派恩认为，在这一过程中，过程性知识（process knowledge）是可以给我们提供帮助的。所谓过程性知识，指的是"专业人员做决策和下判断的方式"。[1]社工在具体开展工作时，往往会经历以下两个过程：一是通过集中注意力、询问信息等方式对当前的情境进行全面性的批判性评估，根据所感知的情境及案主的具体情况选择基础理论；然后提出假设，让他们能够找到行动方法。换句话讲，社工在面对困境青少年时，首先要根据以往的工作经验对面临的案例做出预判，选择基本的分析理论。例如，是选择社会系统理论，还是社会建构理论，就需要社工通过对案例的基本掌握和对案主的基本了解，结合社工已有的理论储备，做出最合适的选择。其次，根据所选理论下的具体问题视角，剖析案主处于当前境况的主要影响因素。例如，假若选择用社会系统理论对具体案例做基本假设，那么社工就可以选择用生态视角去展开具体的分析，寻找社会、学校、同辈群体和家庭对案主所

---

〔1〕［英］马尔科姆·派恩著，冯亚丽、叶鹏飞译：《现代社会工作理论》，中国人民大学出版社2008年版，第34页。

造成的影响。最后，根据具体视角下所得出的基本影响因素，选择相应的介入模式开展具体介入工作。例如，社工选择了用生态系统视角进行案例分析，那么他就可以在介入时，根据不同系统对案主造成的不同影响设定不同的介入方案，从而尽可能地实现介入效果最优化。

当然，现实生活中的真实案例往往比我们现在所能预想到的要复杂得多，然而这并不意味着我们按照上述逻辑进行理论—视角—模式的梳理是毫无意义的。相反，这样的分析会帮助我们刚刚加入社会工作行业的青年人更快、更系统地掌握基本的专业知识。

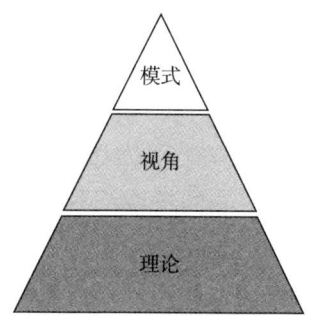

图 2 - 1　社工理论逻辑图

第二节　困境青少年常用的理论、视角与
介入模式索引*

---

* 参见活页。

第三章　测评工具

在社会科学中，量表是一种测量工具，"量"就是测量，同时还强调一层含义——量化，它常被用来调查和测定研究对象的主观态度及其强弱程度，它试图确定主观的、有时是抽象的概念的定量化测量程序，对事物的特性变量用不同的规则分配数字，从而尽可能客观地形成对研究对象的定性变量如某种特性或属性进行归类或量化呈现，去支持或推进研究。

本章中，以困境青少年为被试对象，我们可从被试人本身个体特征、被试人社会网络以及被试人犯罪倾向三大维度进行测量。

其中，被试人个体特征包括：性格、认知、情绪/心理健康、行为，本章所列有33个量表可供选择；被试人社会网络包括：家庭关系、同辈群体关系、社会关系，本章所列有14个量表可供选择；被试人犯罪倾向包括：再犯风险、心理状况、服管状况等，本章所列有12个量表可供选择。（参见表3-1）

量表呈现方式上，我们将量表将分为两大类，一类只从单一角度进行考察，如只针对被试人的个体特征中的某一变量——性格，我们在此称其为单一性量表（参见表3-1）；另一类是一个量表从两个或两个以上的角度进行考察，如在一个量表中同时考察了被试人个体特征的两个及以上变量，或者同时考察了个性特征和社会网络两大角度中的变量，我们在此称其为综合性考察量表（参见表 3 - 2）。在量表运用中，我们倾向于先使用综合性考察量表，在根据 1~2 次的个案跟进，选择针对性较强的单一性量表。

表 3 - 1　单一性考察量表

量表类型	量表类别	量表名称
个体特征	性格	埃森克人格测试（少年版）
		中国青年人格问卷（CPI）
		个性成熟度测试
		卡特尔十六种人格因素测验（16PF）
		人格障碍筛查问卷（PDQC）
		DISC 性格测试（职业选择）
		爱德华个性偏好量表（EPPS）（16 +）
		霍兰德职业倾向问卷
	认知	人生观量表
		学习自我效能量表
		意志力测验
		Rosenberg 自尊量表 RSES
		成就动机量表（AMS）
		容纳他人量表
	情绪/心理健康	中学生心理健康量表（王极盛编制）
		心理健康诊断测验
		心理健康测查表（PHI）

续表

量表类型	量表类别	量表名称
个体特征	情绪/心理健康	SCL-90 精神症状自评量表
		疲劳量表（FS-14）
		（状态—特质）焦虑量表 STAI
		交往焦虑量表（IAS）
		Zungs 焦虑自评量表（SAS）
		抑郁自评量表（SDS）
		Beck 抑郁问卷
		自杀态度测评量表（QSA）
	行为	青少年行为问题量表
		明尼苏达多相个性测查表
		自我控制能力测试
		社交回避及苦恼量表（SAD）
		德克萨斯社会行为问卷（TSBI）
		A 型行为类型问卷（TABP）
		Russell 吸烟原因问卷（RRSQ）
		酒精依赖筛查量表（MAST）
社会网络	家庭关系	房树人测验
		OLSON 婚姻质量问卷
		爱情关系合适度评定量表
		婚姻关系合适度评定量表
		家庭功能评定量表
		家庭谱系图
		家庭环境量表（FES）

量表类型	量表类别	量表名称
社会网络	家庭关系	家庭教育方式综合测评
	朋辈群体关系	友谊质量问卷 FQQ
		信任量表（TS）
	社会关系	亲社会倾向量表 PTM
		社会支持量表
		沟通交流能力测评
		社会适应性自评问卷
犯罪倾向	性格	罪犯个性分测验（COPA－PI）
	认知	服刑人员价值观测试
		服刑人员说谎问卷
		罪犯心理结构状况分测验（COPA-SCMI）
	情绪	服刑人员自杀倾向量表
	行为	RW 检测表（人身危险性）（服刑人员）
		服刑人员暴力倾向量表
		罪犯犯罪心理结构变化状况分测验（COPA-TCMI）
		罪犯社会适应状况分测验（COPA-SAI）
		罪犯危险等级评定
		阿片成瘾严重程度指数（OASI）
		服刑人员再犯风险调查问卷

一、综合性考察量表

综合性考察量表，即全方位考察青少年的个性特征、社会关系网络，帮助以整合性的视角来衡量青少年在身体方面、心理方面、家庭关系方面、社会网络方面的问题及需求情况。

表 3 - 2　综合性考察量表

量表类型	量表类别	量表名称	使用简述
综合性考察量表	个体特征、社会网络	青少年心理弹性量表（READ）	分别考察个人力和支持力维度，目标专注、情绪控制、积极认知、家庭支持和人际协助
	个体特征、社会网络	TDL 生命质量表	分别考察身体方面、心理方面、社会方面、尽职责的能力以及自我健康意识
	社会网络	领悟社会支持量表（PSSS）	分别测定个体领悟到的来自各种社会支持源如家庭、朋友和其他人的支持程度，同时以总分反映个体感受到的社会支持总程度
	个体特征、社会网络	生活事件量表（LES）	考察青少年家庭生活方面，工作学习方面，社交及其他方面
	个体特征、社会网络	青少年生活事件量表（ASLEC）	了解青少年本身的压力来源

1. 青少年心理弹性量表（READ）

分为二维五因素，分别是个人力和支持力维度，目标专注、情绪控制、积极认知、家庭支持和人际协助，前三者属于个人力，后二者属于支持力，五个因素反映了逆境情景下，青少年的认知、情绪、行为及所处环境对帮助其抵御逆境、获得良好适应的有效性，总量表的克伦巴赫系数为 0.85。

2. TDL 生命质量表

TDL 生命质量表为简易生活质量调查表，由汤旦林编制（TDL 为人名"汤旦林"汉语拼音"Tang Danlin"的缩写）。量表由测试者自填,主要内容 16 项,覆盖了生命质量的 5 个主要方面,即:身体方面、心理方面、社会方面、尽职责的能力以及自我健康意识。结论可供临床、心理、行为医学工作者评价生命质量时参考。

3. 领悟社会支持量表(PSSS)

社会支持是指来自社会各方面的包括家庭、亲属、朋友、同事、伙伴、党团、工会等组织所给予个体的精神上和物质上的帮助支援,能够反映一个人与社会联系的密切程度和质量。社会支持源自社会的赞成并起援助作用的力量,可缓冲社会心理压力,从而起到预防或减轻疾病作用。社会支持从性质上可以分为两类,一类为客观的支持,这类支持是可见的或实际的,包括物质上的直接援助、团体关系的存在和参与等。另一类是主观的支持,这类支持是个体体验到的或情感上感受到的支持,指的是个体在社会中受尊重、被支持与理解的情感体验和满意程度,与个体的主观感受密切相关。

领悟社会支持量表是由姜乾金根据 Blumenthal 等人介绍的 Zimet 领悟社会支持量表修订的。该量表是一种强调个体自我理解和自我感受的社会支持量表,分别测定个体领悟到的来自各种社会支持源如家庭、朋友和其他人的支持程度,同时以总分反映个体感受到的社会支持总程度。量表包括 12 个自评项目,由家庭支持、朋友支持、其他支持(老师、同学、亲戚)3 个分量表组成;每个项目采用七级计分法,总分范围 12 ~ 84。量表有较高的信度和效度。本测验适用于 18 岁以上各类人群的健康测量。本测验结果还可以作为影响因素引入心理障碍、疾病的成因研究中。

4. 生活事件量表(LES)

生活事件对身心健康的影响日益受到人们的重视,也已促进了医学模式的转变。许多研究报告了生活事件与某些疾病的发生、发展或转归的相关关系。从 20 世纪 60 年代起，人们对各种生活事件开始进行"客观定量"。其中最有代表性的人物是美国的霍尔姆斯（T. H. Holmes）。他和瑞赫（Rahe）于 1967 年编制了著名的"社会重新适应量表"（Social Readjustment Scale，SRRS）。SRRS 是科学地、客观地评定生活事件的开端。我国研究者杨德森、张亚林于 1986 年在前人的工作的基础上编制了"生活事件量表"（Life Event Scale，LES）。LES 是自评量表，共含有 48 条我国较常见的生活事件，包括三方面的问题。一是家庭生活方面（28 条），二是工作学习方面（13 条），三是社交及其他方面（7 条）。LES 对生活事件的影响即外部精神刺激分别进行了定量和定性两种评估，也就是说测验者自己根据实际情况对各健康指标做出主观评价。

LES 适用于 16 岁以上的正常人、神经症、心身疾病、各种躯体疾病患者以及自知力恢复的重性精神病患者。量表重测系数在 0.742 ~ 0.611 之间，实证研究表明，该量表具有较高的效度，生活事件的刺激量与一些身心疾病患者有较高的相关。

LES 总分越高反映个体承受的精神压力越大。95% 的正常人 1 年内的 LES 总分不超过 20 分，99% 的不超过 32 分。负性事件的分值越高对心身健康的影响越大；正性事件分值的意义尚待进一步的研究。

5. 青少年生活事件量表（ASLEC）

刘贤臣等人在综括国内外文献的基础上，结合青少年的生理心理特点和所扮演的家庭社会角色，于 1987 年编制了青少年生活事件量表（Adolescent Self - Rating Life Events Check List，ASLEC），大致包含青少年时期常见的负性生活事件。该量表是一项自评问卷，由 27 项负性生活事件构成，被测试者根据事件发生后的心理感受进行评定。经过对 1473 名中学生的测试，证明该量表有较好的信度和效度。

青少年生活事件量表包括人际关系因子，学习压力因子，受惩罚因子，丧失因子，健康适应因子以及其他等六个项目。这六项因子构成了青少年负性生活事件的主体，测查这些项目可以了解被测试者现有心理压力水平以及主要的心理压力来源，便于家长、教师及时发现问题，为青少年学生提供适当的帮助和引导，也可以促进被测试者本人更清楚地认识自身状态，提高其挫折承受能力和自我心理调节能力。

该量表主要适用于小学高年级、初中和高中学生，对于研究青少年心理压力程度、特点及其与心理发展和心身健康的关系有十分重要的理论意义和应用价值。

二、个体特征性量表

在个体特征的考察中，主要考察被试人的人格属性、焦虑或抑郁程度以及相关认知行为。

表3－3 个体特征量表

量表类型	量表类别	量表名称	使用简述
个体特征	性格	埃森克人格测试（少年版）	评定青少年的人格类型
		中国青年人格问卷（CPI）	分析被试者特征，对其个性做出评价，尤其适用于大中学生
		个性成熟度测试	测评青少年的心理年龄
		卡特尔十六种人格因素测验（16PF）	该量表运用到青少年群体中时，主要测量被试者的人格特质
		人格障碍筛查问卷（PDQC）	该量表运用到青少年群体中时，分析各类型人格障碍

续表

量表类型	量表类别	量表名称	使用简述
个体特征	性格	DISC 性格测试（职业选择）	该量表运用到青少年群体中时，主要是帮助筛选与之相适应的岗位
		爱德华个性偏好量表（EPPS）（16＋）	考察被试青少年的一般性格特点与现实需要。本测验除了能对从事不同职业的人加以区分，还可以作为对特定工作中的人员取得成功或失败可能性大小的预测参考
		霍兰德职业倾向问卷	帮助测评者发现和确定自己的职业兴趣和能力特长，使被测者对与自身性格匹配的职业类别、岗位特质有更为明晰的认识，从而在被测者在就业、升学、进修或职业转向时，做出最佳的选择
	认知	人生观量表	帮助青少年更全面地了解自己，也可为教育者提供必要的参考信息
		学习自我效能量表	考察青少年对自我行为的期望水平和效能水平
		意志力测验	帮助青少年认识自己的意志力情况，可根据结果有针对性的训练自己的意志，从而提高自身意志品质
		Rosenberg 自尊量表 RSES	考察青少年群体在学业方面对自己的认知评价
		成就动机量表（AMS）	该量表运用到青少年群体中时，主要是对青少年进行冲突处理能力测评
		容纳他人量表	测查青少年自我容纳、容纳他人以及对他人容纳自己三种独立变量之间的相互关系，及程度的感受

续表

量表类型	量表类别	量表名称	使用简述
个体特征	情绪/心理健康	中学生心理健康量表（王极盛编制）	考察受试者的心理健康状况
		心理健康诊断测验	考察焦虑情绪所指向的对象和由焦虑情绪而产生的行为这两个方面
		心理健康测查表（PHI）	考察被试者的心理健康情况
		SCL – 90 精神症状自评量表	此量表运用在青少年群体中，主要考察近期心理健康情况
		疲劳量表（FS – 14）	有效地反映疲劳的严重程度和变化
		（状态 – 特质）焦虑量表 STAI	考察被试人的焦虑情况
		交往焦虑量表（IAS）	用于评定独立于行为之外的主观社交焦虑体验的倾向
		Zungs 焦虑自评量表（SAS）	能够较为准确而迅速地反映出被试个人主观感受到的焦虑程度，可用于被测试者了解自身焦虑状况，也可用于焦虑症患者治疗前后的情况比较
		抑郁自评量表（SDS）	本量表运用在青少年群体中，重点判断青少年的抑郁程度
		Beck 抑郁问卷	此量表运用在青少年群体中，评估正常青少年抑郁状况的量表
		自杀态度测评量表（QSA）	用于测查有自杀倾向者或家属的态度，从而进行积极预防和救助；也可以作为公众的普遍性态度问卷，了解人们对生命与自杀的认识，及时发现问题。

续表

量表类型	量表类别	量表名称	使用简述
个体特征	行为	青少年行为问题量表	准确而迅速地反映出该学生目前是否存在严重的行为问题，是测查青少年心理健康的有力工具
		明尼苏达多相个性测查表	广泛用于其他医学各科以及人类行为的研究、司法审判、犯罪调查、教育和职业选择等领域
		自我控制能力测试	帮助被测者了解自己的自我控制水平，看看自己是否缺乏自我控制力
		社交回避及苦恼量表（SAD）	测试人是否有社交回避及苦恼问题
		德克萨斯社会行为问卷（TSBI）	评定个体的自我价值感或社交能力
		A 型行为类型问卷（TABP）	考察工作中的行为类型
		Russell 吸烟原因问卷（RRSQ）	为了明确某个体吸烟的原因，以对其进行干预
		酒精依赖筛查量表（MAST）	筛出可能有酒精依赖问题的对象

（一）性格方面

1. 埃森克人格测试（少年版）

艾森克人格问卷是英国伦敦大学心理系和精神病研究所艾森克教授编制的，艾森克教授搜集了大量有关的非认知方面的特征，通过因素分析归纳出三个互相成正交的维度，从而提出决定人格的三个基本因素：内外向性（E）、神经质（又称情绪性，N）和精神质（又称倔强、讲求实际，P），人们在这三方面的不同倾向和不同表现程度，便构成了不同的人格特征（Ey-senck Personality Questionnaire，EPQ）。

原版 EPQ 于 1975 年制定，它是一种自陈量表，有成人和少年两种形式，各包括 4 个量表：E——内外向；N——神经质，又称情绪性；P——精神质，又称倔强、讲求实际；L——谎造或自身隐蔽。经艾森克等人的因素分析计算，前 3 个量表代表人格结构的 3 种维度，它们是彼此独立的，L 则是效度量表，代表假托的人格特质，也表现社会性朴实、幼稚的水平。L 虽与其他量表有某些相关，但它本身却代表一种稳定的人格功能。

2. 中国青年人格问卷（CPI）

青年人格问卷是根据美国心理学家高夫所编制的"加利佛尼亚心理测验表"修订而成的。主要反映正常社会行为方式，并能预测个体在特定场合下的社会行为。在教育心理方面，可达到对学员成就、创造性潜能的预测，并可为专业选择提供指导；在管理心理方面可用于对应聘者的工作风格、管理潜能的预测提供参考；在国外，它被认为是一项在人员选拔方面有较大潜力的测验。测评的个性指标包括：支配性、进取能力、社交性、社交风度、自我接受、责任心、社会化、自我控制、好印象、同众性、适意感、宽容性、顺从成就、独立成就、智力效能、心里感受性、灵活性、女/男性化等十几个方向，通过交叉和综合分析被试的特征对其个性做出评价。该问卷主要是面向青年的，用于 13 岁和 13 岁以上的青少年和成年人，尤其适用于大中学生。测试时间 60 分钟左右。

3. 个性成熟度测试

一个人生经验丰富的人通常是一个个性成熟的人。这样的人做任何事情都对自己充满信心，相信自己的能力和认知，善于运用自己的知识和学问。在工作中，他能镇定地面对一切，哪怕遇到再大的挫折也不会自暴自弃；重视与同事的关系。他有自己独特的见解，追求一个理智、持久、稳定、实际的生活原则，而不是假想、偏见、迷信所形成的生活原则。

4. 卡特尔十六种人格因素测验（16PF）

卡特尔十六种人格因素测验（Cattell Sixteen Personality Factors Questionnaire，16PF）是用来测量人格特质的。该测验由美国伊利诺州立大学人格及能力测验研究所（Institute of personality and Ability Testing）的卡特尔教授（Raymend B. Cattell）所编制。卡特尔多年从事人格心理学研究，曾根据测验统计、人格心理、行为辅导与诊疗等方面的科学研究，编订了许多精确可靠的测验。16PF 与其他类似的测验相较，能以同等的时间（约40分钟）测量更多方面主要的人格特性。

具体来说，16PF 直接测量的 16 种人格特征包括：

（1）乐群性（A）：描述是否愿意与人交往，待人是否热情；

（2）聪慧性（B）：描述抽象思维能力，聪明程度；

（3）稳定性（C）：描述对挫折的忍受能力，能否做到情绪稳定；

（4）支配性（E）：描述是否愿意支配和影响他人，是否愿意领导他人；

（5）兴奋性（F）：描述情绪的兴奋和活跃程度；

（6）责任性（G）：描述对社会道德规范和准则的接纳和自觉履行程度；

（7）敢为性（H）：描述在社会交往情境中的大胆程度；

（8）敏感性（I）：描述敏感程度，即判断和决定是否容易受到感情的影响；

（9）怀疑性（L）：描述是否倾向于探究他人言行举止之后的动机；

（10）幻想性（M）：描述对客观环境和内在的想象过程的重视程度；

（11）世故性（N）：描述是否能老练、灵活地处理事物；

（12）忧虑性（O）：描述体验到的烦恼和忧郁程度；

（13）开放性（Q1）：描述对新鲜事物的接受和适应程度；

（14）独立性（Q2）：描述独立程度，亦即对群体的依赖程度；

（15）自律性（Q3）：描述自我克制、自我激励的程度；

（16）紧张性（Q4）：描述生活和内心的不稳定程度，以及相关的紧张感。

除直接测量这16种人格特征外，卡特尔教授等人还发展出了一系列公式，利用前面16个量表的分数以及这些公式，还可以计算出一些二元人格特征，主要包括：①适应性与焦虑性：描述对现在环境的适应程度，是否感到焦虑不满；②内外向：描述性格特征的内向或者外向程度；③感情用事与安详机警性：描述个体的情绪困扰程度，以及进取精神；④怯懦与果敢性：描述做事情时的犹豫或者果断程度；

卡特尔十六种人格因素测验已被译成多种文字，是世界上使用非常广泛的人格测验。我国研究者也对测验进行了修订，使之更适合我国的国情。经检验，该测验具有良好的信度及效度，可广泛应用于心理咨询、人员选拔和职业指导等各个环节，为人事决策和人事诊断提供个人心理素质的参考依据。15岁以上中学生和所有具备小学阅读水平的青年、壮年和老年人都可以适用。

5. 人格障碍筛查问卷（PDQC）

人格是一个人独特的、相对稳定的行为模式。当人格发展产生了畸变，有可能形成人格障碍。人格障碍是指人格在发展和结构上明显偏离正常，导致个体持久地以适应不良的方式对待周围的事物并作出较极端的情感反应，从而导致显著的心理社会功能的异常。人格障碍常开始于童年或青少年期，可持续至成年期或者终生。

此检测工具共 58 个检测项目，涵盖 8 个类别的人格障碍：强迫型人格障碍、依赖型人格障碍、焦虑/回避型人格障碍、表演型人格障碍、冲动型人格障碍、偏执型人格障碍、分裂样人格障碍、反社会型人格障碍。

6. DISC 性格测试

20 世纪 20 年代，美国心理学家威廉－莫尔顿－马斯顿创建了一个理论来解释人的情绪反应，在此之前，这种工作主要局限在对于精神病患者或精神失常人群的研究，而马斯顿博士则希望扩大这个研究范围，以运用于心理健康的普通人群，因此，马斯顿博士将他的理论构建为一个体系，即 "The Emotions of Normal People" ——"正常人的情绪"。为了检验他的理论，马斯顿博士需要采用某种心理测评的方式来衡量人群的情绪反映——"人格特征"，因此，他采用了四个他认为是非常典型的人格特质因子，即 Dominance——支配，Influence——影响，Steady——稳健，以及 Compliance——服从。而 DISC，正是代表了这四个英文单词的首字母。

7. 爱德华个性偏好量表（EPPS）

EPPS 测试由美国心理学家爱德华于 1953 年编制，是目前国内外应用非常广泛的一个人格测试。本测试是以美国心理学家默瑞在 1938 年提出的人类 15 种 "内在需求" 为理论基础编制的。这 15 种需求分别为 "成就、顺从、秩序、表现、自主、亲和、省察、求助、支配、谦卑、扶助、变异、坚毅、异性爱和攻击"。个体的 "内在需求" 是个体活动积极性的源泉，是人们行为的根本动力。人们从事各种各样地职业也就是在满足人们自己的需要，人们的优势需要不同，人们对职业的选择就会不同。从另一个侧面来说，不同的职业可以满足人们不同的需要，比如会计的职业可以满足秩序的需要，当领导可以满足支配的需要，科学家的职业可以满足自主的需要，等等。

目前，本测验广泛地应用于研究和咨询工作，根据本测验可以较快地了解到人的一般性格特点与需要特点。本测验除了能对从事不同职业的人加以区分，还可以作为对特定工作中的人员取得成功或失败可能性大小的预测参考。

测验共 225 道题目，大概需要 40~50 分钟。

8. 霍兰德职业倾向问卷

本测验是以约翰·霍兰德（John Holland）职业兴趣理论为基础，并根据中国的职业市场情况与用语习惯设计而成，通过了大批量的测试，有很好的信度和效度。它以霍兰德的职业兴趣理论为依据，分别对兴趣、能力和人格特点进行了综合测查。该理论把职业分为六种不同的类型，即现实型、研究型、艺术型、社会型、管理型、常规型。霍兰德认为，每个人都呈现有这六种类型的不同组合，只是占主导地位的类型不同。每一种职业的工作环境也是由六种不同的工作条件所组成，其中有一种占主导地位。一个人的职业是否成功在很大程度上取决于某个个性类型和工作条件之间的适应情况。

本测验量表将帮助被测验者发现和确定自己的职业兴趣和能力特长。它根据相关的研究成果和后人的分析论证，按照不同的职业特点和个性特征，将人分为六类：现实型（R）、探索型/研究型（I）、艺术型（A）、社会型（S）、管理型/企业型（E）和常规型（C）。这六种类型的人具有不同的典型特征，每种类型的人会对相应职业类型感兴趣，呈现出人格特征和职业需求进行合理搭配的特点。

同时，人们在择业时主要受三个因素的影响：兴趣（想做什么——兴趣倾向）、能力（能做什么——个人经历）和人格（适合做什么——人格倾向）。以此为依据，本套试题由三部分组成：兴趣倾向问卷、个人经历问卷和人格倾向问卷，分别对测评者的兴趣、能力和人格特点进行测评。

通过对测评结果的综合分析，可以帮助测评者发现和确定自己的职业兴趣和能力特长，使被测者对与自身性格匹配的职业类别、岗位特质有更为明晰的认识，从而帮助被测者在就业、升学、进修或职业转向时，做出最佳的选择。

如果被测验者已经考虑好或选择好了自己的职业，本测验将使被测验者的这种考虑或选择具有理论基础，或向被测验者展示其他合适的职业；如果被测验者至今没有确定职业方向，本测验将帮助被测验者根据自己的情况选择一个恰当的职业目标。

（二）认知方面

1. 人生观量表

本测验用于测量关于人性的哲学认知，即受试者对人类一般行为的估计，反映的是被测试者对人的基本看法。它是通过测量个体对各题目观点的认同程度，来考察个体对于人性的看法和态度。本测验分为六个分测验，分别考察被测试者对于"人是否值得信任""人是否利他""人是否是独立的""人是否可以了解自己""人性是否是极为复杂的"以及"人性是否具有差异"等六个方面观点的认同程度，从而看出被测试者的对人性这几个方面所持的态度。

研究表明，个体的人性哲学基本观点可以被分解为"值得信赖、利他主义、独立性、意志力与理性、人性的复杂性、人性的变异性"等六个基本成分。所以，从这六个方面可以很好地考察个体对人的看法。这六个方面的主要含义如下：

（1）值得信任：即认为人们是有道德、诚实和可靠的。这个维度用来测查被测试者对一般人的可信性、诚实、善良、慷慨和友爱等品性是否有信心。

（2）利他主义：即认为人具有无私、真挚的同情心以及对他人是关心的。这个维度用来测查被测试者对一般人的同情心及对他人关怀程度的信心。

（3）独立性：即认为人面对社会从众压力时可以坚定的坚持自己的信念。这个维度用来测查被测试者对于"一般人敢于坚持自己信念"是否有信心。

（4）意志力与理性：即认为人是具有意志力的，是可以了解自己以及克服自身缺点的。这个维度用来测查被测试者对"一般人是可以了解自己行为并可以克服自己缺点的"是否有信心。

（5）人性的复杂性：即认为人是复杂、难以理解的。这个维度用来测查被测试者对人性复杂程度的看法。

（6）人性的变异性：即认为个体间本性是有差异的以及基本人性是可变的。这个维度用来测查被测试者对人性的差异性和可变程度的看法。

六个维度得分高低没有好坏之分，测查出来的结果是被测试者对人以及人性的基本看法。

人生观测验适用于已形成了对人性相对固定看法的 18 岁以上的成人。本测验的结果可以帮助被测试者更全面地了解自己，可以为教育者提供必要的参考信息。

2. 学习自我效能量表

自我效能量表，是指自我行为认识态度评估工具。该量表由瑟尔等于1982年编制，由30个条目组成，可以了解被试对自己行为的态度，期望、预计自己的行为与行为效果。

如"制定计划后，我肯定能使计划实现""我容易放弃""在
社交集会中，我不能很好地控制自己"。每个条目从同意到不同
意采用5级评分，根据总分对自我行为的期望水平和效能水平
作出评估。该量表有较好的信度和效度，常用于临床自我态度
研究等方面。

3. 意志力测验

本测验采用情境判断的方法，让被测者根据给定情境的描
述来评定与自身情况的相符程度。每个测验题目为被测者提供5
个等级以供选择。根据被测者的选项来评定被测者的测验分数，
并判定相应的意志力等级。本测验可以帮助个体认识自己的意
志力情况，可根据结果有针对性的训练自己的意志，从而提高
自身意志品质。

本测验适合成年人（18～60岁）使用，经实践证明，该测
验具有良好的信度、效度。

4. Rosenberg 自尊量表（RSES）

指在学业方面对自己的认知评价。用于测量整体自尊的量
表有很多，其中 Rosenberg 于 1965 年制的自尊量表绝对是测量
整体自尊的经典之作，该量表由 10 个条目组成，用于测量单一
维度的整体自尊水平，其中 5 个正向表述，5 个负向表述。该量
表一直被认为是单维度的结构，但有研究发现其包含正性自算
和负性自尊 2 个因子。然而，方法学角度的研究则一致认为这
种两因子结构并非量表内容所致，而是因为方法效应的影响。
Greenberger 等人将 RSES 的文字表达方式变换成全正性表达或全
负性表达方式后，测量结果现单因子结构，而原量表正、负性表
达各占一半的测试结果则显示出两因固于结构。Tomas 和 Oliver
在多特质多方法模型（MTMM）框下通过验证性因分析（CFA）
发现，存在方法效应的模型比不存在方法效应的模型拟合得更好。

针对中文版 Rosenberg 自尊量表的研究也发现有 2 个维度（杨烨、王登峰，2007）。但最近一项针对中文版 Rosenberg 自量表因子结构的深入研究发现，与国外研究结果一致，这种两因子结构均是由方法学效应造成的（王孟成、戴晓阳、蔡师光、吴艳）Rosenberg 自募量表采用李科特四点记分，1 代表"很不符合"，2 代表"不符合"，3 代表"符合"，4 代表"非常符合"，得分越高表明自尊水平越高。

5. 成就动机量表

成就动机量表（Achievement Motivation Scale，AMS），由挪威心理学家 T. Gjesme 和 R. Nygard 于 1970 年编制，并几经修订。中文版本为我国研究者叶仁敏和挪威研究者 K. A. Hegtvet 于 1988 年合作译制，并于 1992 年在大学生和中学生样本中进行了修订。

成就动机的核心是一种追求高标准的倾向。西方学者将成就动机定义为"个人对自己认为重要的或有价值的任务，不但愿意去做，而且力求达到更高标准的内在心理过程"。其表现包括：完成有难度的任务，设置具有挑战性的工作目标；在面对任务情景时，朝向高标准、高效率地完成任务，并为实现这一目标进行艰苦努力；超越自我或他人，希望获得优秀成绩的欲望等等。

成就动机可进一步划分为趋近性和回避性的两个因素，分别可称为希望成功的动机（MS）和回避失败的动机（MF）。前者关注的是如何获得成功，而后者关注的是如何避免失败。在希望成功的动机的影响下，个体会主动从事重要任务，并会选择有利于任务高质量完成的策略，坚持努力，以求成功。在回避失败的动机的影响下，个体面对重要任务时可能会采取两种不同的方式。一种方式是防御性的，个体力图逃避任务以避免失败；而另一种方式则较为积极，个体会非常努力以避免失败。

工作中的分歧和冲突在所难免，关键在于如何处理冲突。良好的冲突处理方式可以化解你与上级或同事之间的矛盾，获得对方的理解和支持，否则可能导致关系紧张，产生隔阂或纠纷。每个人都有自己应付冲突的方式和风格，个体处理冲突的方式大体上有三种倾向：非抗争型、解决问题型和控制型。

6. 容纳他人量表

《容纳他人量表》是由美国心理学家 Fey1995 编制的，此表用来测查三种独立变量之间的相互关系，这三个变量是：自我容纳、容纳他人以及对他人容纳自己之程度的感受。包括 20 个题目，每个题目都是 5 级记分，量表总分在 20～100 之间，得分越低，容纳他人程度越低；得分越高，越容易与他人和睦相处。该量表的信效度很好，属于自评量表，适用于 18 岁以上的成人。

（三）关于情绪/心理健康

1. 中学生心理健康量表（王极盛编制）

初中生正处在青春发育高峰期，生理变化明显；心理仍处在半成熟、半幼稚之间，有很多的矛盾心理。高中生生理发育进入成熟阶段，心理上正值自我意识形成的关键期，也存在较多的心理冲突。通过本量表，可以综合评定中学生心理健康水平，考察体育锻炼与心理健康之间的关系。《中学生心理健康量表》（MSSMHS）来源自王极盛教授于 1997 年撰写的《中国中学生心理健康量表的编制及其标准化》，该量表共有 60 个项目，包括 10 个分量表。他们分别为强迫症状、偏执、敌对、人际关系敏感、抑郁、焦虑、学习压力感、适应不良、情绪不稳定、心理不平衡，既可以从整体上衡量受试者的心理健康状况，也可以根据每个量表的平均分进行测量。

2. 心理健康诊断测验

心理健康诊断测验（MHT）是由华东师范大学心理学系教

授周步成和其他心理学科研究人员，根据日本铃木清等人编制的"不安倾向诊断测验"进行修订形成的，适应我国中学生标准化的《心理健康诊断测验》。

本测验按焦虑情绪所指向的对象和由焦虑情绪而产生的行为这两个方面进行测定。全量表由 8 个内容量表构成，把这 8 个内容量的结果综合起来，就可以知道一个学生的一般焦虑的程度；而各内容量表的结果可诊断出个人的焦虑中哪个方面问题较大。这 8 个内容量包括：学习焦虑、对人焦虑、孤独倾向、自责倾向、过敏倾向、身体症状、恐怖倾向和冲动倾向。

3. 心理健康测查表

心理健康测查表（Psychological Health Inventory，PHI），是在总结明尼苏达多相个性测查表（MM）中国版十几年使用经验的基础上，综合上述两类短表的技术而编制的，经检验具有较好的信度和效度。PHI 适合我国国情、较好地解决了 MM 题目过长的问题，能较快地初步筛选出存在心理障碍的受试者。

心理健康与个性的关系十分密切，利用个性心理测验来判断一个人心理健康状况的方法已在实践中广泛应用。明尼苏达多相个性测查表（MM）是世界上使用最广泛的一种个性测验，在测查个性偏离程度与筛选心理障碍方面，已被证明具有很高的准确性和使用价值。20 世纪 80 年代以来，我们根据我国情况对 MM 进行了修订与标准化，并制定了中国常模，十几年来的广泛应用，特别是精神病学的临床实践表明，该表有着很好的信度效度，特别是按中国常模比较，更具有较高的鉴别力。但是，在使用 MM 的过程中，也暴露出其本身存在一些问题。其中一个重要方面就是该表太长，共有 566 题，受试者常会感到厌烦而影响测查结果。临床量表虽然只包括前 399 题，对某些受试者来说仍然过长。近年来，美国明尼苏达大学又推出了 MMPI－2，共 567 题，其中临床量表370题，较之原量表（399题）虽有减少，但减少得不多。因此，如何缩短此表又能不失其原有的使用价值，一直是很多学者所研究的问题。国外文献报道，根据 MM 发展出来的各种短表有数百种。归纳起来，不外两大类：①大致保留原分量表数，减少各分量表中项目，多称之为简式 MMPI。如 Mini-Mult（71题）、FAM1（16题）、MMPI－16题等；②抽取少量项目，组成新的小量表，如 MAS（Manifest Anxiety Scale，50题）、Es（Ego Strength，68题）、Do（Dominance，28题）。对于前一种，有的学者持不同意见，认为使用短表存在各种风险，如漏掉信息、测量不可靠或无效，得到的分数不能等于原 MMPI 分数等。对于后一种，由于它是从 MM 选题组成新量表，因此不存在等于不等于原 MM 的问题，而是应根据实践来检验此测查表的有效性。

4. SCL－90 精神症状自评量表

90 项症状清单（Symptom Check List 90, SCL－90），又名症状自评量表（Self-reporting Inventory），有时也叫做 Hopkin's 症状清单（HSCL，编制年代早于 SCL－90，作者为同一人，HCSL 最早版编于1954年），于1975年编制，其作者是德若伽提斯（L. R. Derogatis）。该量表共有90个项目，包含有较广泛的精神病症状学内容，从感觉、情感、思维、意识、行为直至生活习惯、人际关系、饮食睡眠等均有涉及，并采用10个因子分别反映10个方面的心理症状情况。

5. 疲劳量表

疲劳是一个很常见的现象或症状，既可见于健康人群，又可见于很多疾病患者，也可因某些医疗措施（如癌症放疗、化疗后，骨髓移植后，使用某些生物制剂后等）所导致，尤其在亚健康人群中是最常见的表现之一。疲劳可不同程度地影响人们的生活质量。由于疲劳症状具有多维性和主观性，给临床工作者或研究者准确、合理评价该症带来了一定困难。疲劳量表（Fatigue Scale – 14，FS – 14）可对疲劳进行测量，量表系英国King's College Hospital 心理医学研究室的 Trudie Chalder 及 Queen Mary's University Hospital 的 G. Berelowitz 等专家于1992年共同编制的，由14个条目组成，每个条目都是一个与疲劳相关的问题。根据其内容与受试者实际情况的符合与否，回答"是"或"否"。14个条目分别从躯体疲劳（Physical Fatigue）、脑力疲劳（Mental Fatigue）两个角度反映疲劳的轻重。

该量表内容简短，操作简便，容易掌握。疲劳总分值能有效地反映疲劳的严重程度和变化。该量表既可用于医院，作为临床评定的一个参考指标，又可用于群体，筛选疲劳病例，且其辨别能力较强。

6. （状态—特质）焦虑量表

STAI 首版（STAI – Form X）于1970年问世，曾经过2000项研究。1979年，Spielberger 等人对首版进行了修订，修订版的 STAI – Form Y 于1980年译成中文。Spielberger 等人编制 STAI 的目的，旨在为临床学家、行为学家和内科学家提供一种工具，以区别评定短暂的焦虑情绪状态和人格特质性焦虑倾向，为不同的研究目的和临床实践服务。STAI 适用于具有焦虑症状的成年人，可广泛应用于评定内科、外科、心身疾病及精神病人的焦虑情绪，也可用来筛查高校学生、军人和其他职业人群的有关焦虑问题，以及评价心理治疗、药物治疗的效果。

7. 交往焦虑量表

心理学家一般认为，所谓焦虑（anxiety）是指个体预料将会有某种不良后果产生或模糊的威胁、危险出现而自觉难以应付时，由紧张、忧虑、烦恼、恐惧、焦急等感受交织而成的复杂的情绪状态。交往焦虑是指在评估性的交往情境中所产生的焦虑反映。焦虑可以是一时的情绪状态，也可内化为稳定的个体情绪特质，而严重的、持续的焦虑，有可能形成病态人格。因此对存在的交往焦虑不可掉以轻心。

IAS 由 Leary 于 1983 年编制，主要用于评定独立于行为之外的主观社交焦虑体验的倾向。量表由 15 个自陈式条目组成，条目的选择标准如下：①涉及主观焦虑或其反面，但不涉及具体的外在行为。②大量涉及即时的社交场合，即个人在这种场合的反应不是事前预定好的，而是要依据当时在场其他人的反应来决定。

作为一个测量在交谈中社交焦虑体验倾向的量表，IAS 显示了较好的信度及效度。在其编制过程中，编制者致力于测量独立于行为的社交焦虑。因此，当需要测量不受自陈行为影响的主观社交焦虑感时，IAS 要优于那些把感情和行为混合起来进行测量的工具。

8. Zung 焦虑自评量表

评定采用 1～4 制记分，评定时间为过去一周内。统计方法将各题得分相加，乘以 1.25，四舍五入取整数，得到标准分。标准分的临界值为 50，分值越高，抑郁倾向越明显。

"焦虑自评量表分析系统"是根据 Zung 于 1971 年编制的焦虑自评量表（Self-rating Anxiety Scale，SAS）改编而成。该系统集心理学、精神病学、多元统计学、人工智能、计算机网络技术于一体，准确迅速地反映伴有焦虑倾向的被试的主观感受，临床心理咨询、诊断、治疗以及病理心理机制的研究提供科学依据。本测验应用范围颇广，适用于各种职业、文化阶层及年龄段的正常人或各类精神病人。

9. 抑郁自评量表

抑郁自评量表是一种测量抑郁的工具，包括 20 个项目，每个项目由七级评分构成。包括精神性—情感症状 2 个项目、躯体性障碍 8 个项目、精神运动性障碍 2 个项目、抑郁性心理障碍 8 个项目。量表使用简便，并可直观地反映抑郁患者的主观感受，适用于具有抑郁症状的成年人，但对具有严重迟缓症状的抑郁则难于评定。此外，抑郁自评量表对于文化程度较低或智力水平稍差的人的评定效果不佳。

10. Beck 抑郁问卷

Beck 抑郁量表（Beck Depression Inventory，BDI）是国外临床心理学中最广泛地用于评估正常成年人（18～60 岁）抑郁状况的量表。该量表在我国的心理学基础研究以及实践评估中亦有广泛的用途。有研究者曾报告过该量表在中国被试中应用时具有良好的信度和效度。Beck（1967）将抑郁表述为 21 个"症状—态度类别"，Beck 量表的每个条目便代表一个类别。这些类别包括：心情、悲观、失败感、不满、罪恶、惩罚感、自厌、自责、自杀意向、痛哭、易激惹、社会退缩、犹豫不决、对自己外表的看法、完成工作（或其他任务）的主动性、睡眠障碍、疲劳、食欲下降、体重减轻、有关躯体的观念与性欲减退。被测试者可根据描述来选择与自己的情况最为接近的选项，本量表的目的在于评价抑郁的严重程度。

在分数评价上，每个类别都分为四级评分，总分为 21 类分项分数之和，范围为 0～63。Beck 抑郁量表是最常用的抑郁自评量表，它适用于成年之各年龄段。自 1967 年以来，Beck 抑郁问卷被应用于 600 个以上的研究项目，经过修订，形成了标准的常模。

11. 自杀态度测评量表

本测评是自杀态度问卷（Suicide Attitude Questionnaire，QSA），由肖水源等于 1999 年编制而成。可用于测查有自杀倾向者或家属的态度，从而进行积极预防和救助；也可以作为公众的普遍性态度问卷，了解人们对生命与自杀的认识，及时发现问题。

测评结果将从对自杀行为性质的认识、对自杀者的态度（包括自杀死亡者与自杀未遂者）、对自杀者家属的态度和对安乐死的态度等四个维度综合分析有自杀倾向者或家属的态度。

（四）有关青少年行为量表

1. 青少年行为问题量表

当前，青少年的心理健康问题日益引人关注。几乎每年都有几起青少年自杀事件。由此可见，青少年目前的生活状态十分让人担忧。青少年作为一个社会和学校之间的过渡群体，承受了许多压力。生活中的琐碎事情和市场经济条件下的工作压力给大学生带来了严重的心理和生理负担。鉴于此，青少年的心理和生理健康逐渐成为学校工作的重中之重。

基于以上目的，陈会昌、李虹教授开发了《青少年行为问题量表》，该量表于 1995 年初步编制并在北京进行测试，1996 ～ 1997 年又在上海、天津、福州、哈尔滨、大连、呼和浩特和烟台等七个城市的青少年中进行测试。测试表明，该量表具有良好的信度和效度。该量表包括四个分量表：恋爱和性的问题、学习问题、健康和情绪状态以及社会适应问题，共有 78 个项目。

《青少年行为问题量表》最大的特点是简便省时、易于掌握，能较为准确而迅速地反映出该学生目前是否存在严重的行为问题，是测查青少年心理健康的有力工具。

2. 《明尼苏达多相人格测验》（MMPI）是由美国明尼苏达

大学的心理学家哈撒韦（S. R. Hathaway）和精神科医生麦金利（J. C. Mckinley）于1940年编制而成，可以用于测试正常人的人格类型，也可以用于区分正常人和精神疾病患者。该测验经过60多年的不断修订、补充，被翻译成100多种文字，在几百个国家里进行了使用，有关研究文献浩如烟海，已经发表的文献或专著超过万篇（本），至今已发展得极为成熟。它从多个方面对人的心理进行综合的考察，是世界上被使用次数最多的人格测验之一。MMPI于20世纪80年代被引进中国，中国科学院心理研究所组织了标准化修订工作，经过几十年的发展和修正完善，MMPI在中国得到了广泛运用。一般而言，在结果计分解释中主要使用4个效度量表、10个临床量表和5个附加量表。

其中效度量表包括：①疑问量表（Q），此量表反映被测试者回避问题的倾向，如果在前面400题中原始分数大于30，则说明被测试者对问卷的回答不可信。②谎言量表（L），此量表用于检测被测试者是否过分夸大自己的优点，企图给人一个好印象。③伪装坏量表（F），此量表由一些不经常遇到的问题组成。分数提高表示被测试者回答问题不认真或者理解错误，表现出一组相互无关的症状，或在伪装疾病。④修正量表（K），此量表用于测验受测试者是否愿意议论个人事情，它与智力、教育以及社会地位有关。分数过高，可能是被测试者不愿合作。

10个临床量表包括：①疑病量表（Hs），此量表原本是为了鉴定疑病患者而制定的。其特征是对自己的身体健康的一种过度的关心，担心自己有病或不健康。②抑郁量表（D），此量表最初是为评价抑郁症候而制定的。抑郁的特征是缺乏干劲，对未来没有希望，一般对自己的生活状况极其不满。③癔病量表（Hy），此量表原本是为了区别对紧张状况产生歇斯底里反应的患者而制定的。癔病的特征是心因性的不随意肌体机能丧失和机能障碍。④精神病态量表（Pd），此量表原本是为了区别那些被诊断为非社会性类型和非道德类型的精神病态人格的患者而制定的。这种病态的特征是说谎、偷盗、性异常、酗酒等，但不包括重大犯罪行为。⑤性度量表（Mf），此量表也叫男性—女性量表，它原本是为了鉴别男性同性恋而制定的，反映被测试者的男性化或女性化程度。⑥妄想量表（Pa），此量表是为了区分那些被判断为具有关系妄想、被害妄想、夸大自我概念、猜疑心、过度地敏感、意见和态度生硬等偏执性人格而制定的。⑦精神衰弱量表（Pt），此量表是为了测定精神衰弱的一般性症候类型而制定的。精神衰弱的特征为：焦虑、强迫动作、强迫观念、无原因的恐怖等。⑧精神分裂症量表（Sc），此量表原本是为了区别精神分裂症的患者而制定的。精神分裂症特征包括：思维、感情和行为混乱。⑨轻躁狂量表（Ma），此量表原本是为了区别有躁狂性症候的精神科患者而制定的。躁狂性症候的特征包括：气质昂扬，爱说、精力充沛、易怒、思维奔逸、抑郁气短等。⑩社会内向量表（Si），此量表是为了鉴别对社会性接触和社会责任有退缩回避倾向者。

5 个附加量表包括：①外显性焦虑量表（MAS），此量表是为了研究不同焦虑水平对任务完成情况的影响。焦虑水平高的被测试者对简单工作完成得好，对复杂任务完成较差。②依赖性量表（Dy），此量表用于评估被测试者的依赖性水平。③支配性量表（Do），此量表用于判别一个人在人际关系中支配能力的强弱。④社会责任感量表（Re），此量表是评估一个人愿意对自己的行为负责任和对社会团体尽义务的程度。⑤控制力（Cn），此量表是测定被测试者对其行为，特别是其病理性表现的控制能力。

该测验适用于年满 16 岁，具有小学以上文化水平，没有影响测试结果的生理缺陷的人群。尽管它原来是根据精神病学临床实践而编制的，但是它并不仅仅应用于精神科临床和研究工作，也广泛用于其他医学各科以及人类行为的研究、司法审判、犯罪调查、教育和职业选择等领域。因此在心理咨询中心、心身医学门诊、精神病院、人才市场、职业介绍所、大中学校等部门都有广泛的运用，对人才心理素质、个人心理健康水平、心理障碍程度的评价都能有较高的使用价值。MMPI 还是心理咨询工作者和精神医学工作者必备的心理测验之一。

3. 自我控制能力测试

自我控制能力之所以如此重要，是因为每个人在本质上是自由的，每个人都可以选择自己想要的生活方式，可以决定自己要做什么或者不去做什么，而"选择"就意味着要放弃掉不被选择的东西，克制自己的某些欲望和冲动，而去坚持自己想要的那些东西，这就是自我控制。自我控制并非简单的自我强制，自我控制的过程伴随着自我的调节，经历了克制和放弃的过程，面对失去的失落感，需要调整心态，理性面对，乐观地看到未来的更多希望，这才是自我控制的意义所在。这个测验可以帮助被测者了解自己的自我控制水平，看看自己是否缺乏自我控制力。

4. 社交回避及苦恼量表

社交回避及苦恼分别指回避社会交往的倾向及身临其境时的苦恼感受。回避是一种行为表现，苦恼则为情感反应。可以测试被测者是否有社交回避及苦恼问题。社交回避及苦恼量表［Social Avoidance and Distress Scale, SAD（Watson&Friend, 1969）］含有 28 个条目，其中 14 条用于评价社交回避，14 条用于评定社苦恼。评分采用"是/否"方式。该表十分注重社交回避及苦恼的概念，把社交回避与不能参与社交加以区分。指出社交回避的反面不是社交参与而是"不回避"。此外，该表谨慎地只将主观的苦恼及行为上的回避等包括在内，而将诸如焦虑生理指数及受损的行为表现等内容排除在外。在最初的量表条目选择时，考虑了社交愿望及赞同的频率，并且进行了广泛的预测。该表的适用范围为 16 岁以上人群。

5. 德克萨斯社会行为问卷

TSBI 的设计目的是客观评定个体的自我价值感或社交能力。被试以 5 级评分回答陈述句。问卷涉及信心、支配性、社交能力、社会退缩、与权威人士的关系。

6. A 型行为类型问卷（职业选择）

A 型行为是美国著名心脏病学家弗里德曼（M. Friedman）和罗森曼（R. H. Roseman）于 20 世纪 50 年代首次提出的概念。他们发现许多冠心病人都表现出一些典型而共同的特点，如：雄心勃勃、争强好胜、醉心于工作但是缺乏耐心、容易产生敌意情绪，常有时间紧迫感等。他们把这类人的行为表现特点称之为 A 型行为类型（TABP），而把相对缺乏这类特点的行为称之为 B 型行为类型（TBBP）。A 型行为是现代社会生活所塑造形成的一种行为反应形式，它有助于人们适应现代竞争生后，在事业上追求较多的成就。但是，由于 A 型行为倾向过度紧张的情绪反应，容易激发心脏血管疾病，尤其可能增加患冠心病的危险性，因此被认为是一种冠心病的易患行为模式，对人的身心健康存在潜在的有害作用。本测试为 A 型行为类型权威的测试，能有效地对人的行为类型进行测查。

7. Russell 吸烟原因问卷

RRSQ 的主要目的是明确某一个体吸烟的原因，以对其进行干预。

8. 酒精依赖筛查量表、酒精依赖筛查量表

酒精依赖筛查量表，直译为密歇根酒精中毒筛查测验（Michigan Alcoholism Screening Test，MAST）。由 Selzer 于 1975 年编制。顾名思义，其主要用途是在人群中筛出可能有酒精依赖问题的对象，常用于流行病学调查。在同类量表中，它是应用较多、影响较大的一种。

三、社会网络

（一）家庭关系网络

1. 房树人测验

房树人测验（House-Tree-Person，HTP），又称屋树人测验，它开始于巴克（Buck）的"画树测验"。巴克于 1948 年发明此方法，受测者只需在三张白纸上分别画屋、树及人就完成测试。而动态屋、树、人分析学则由 Robert C. Burn 在 1970 年发明，受测者会在同一张纸上画屋、树及人。这三者有互动作用，例如从屋及人的位置与距离都可看出受测者与家庭的关系，所以这两种分析学多数会结合使用。

HTP 测验是由美国心理学家巴克率先在美国《临床心理学》杂志上系统论述。20 世纪 60 年代，日本引进了 HTP 测验并加以推广应用。学者们在临床实践中发现，分三次描绘三张图形对被测者的心理压力较大，尤其不适于那些精力不足、情感淡漠、注意力不集中的精神病患者。将房子、树、人三项合画于一张纸之中，不仅可大大减轻被测者的负担，扩大测验对象，提高成功率，而且能简捷有效地探测被测者的人格特征。这就是统合型 HTP 测验（Synthetic House-Tree-Person Technique）。

2. 家庭功能评定量表

家庭功能评定量表（FAD）共 60 个条目，包括七个分量表：

①问题解决（Problem Solving，PS），指在维持有效的家庭功能水平时，这个家庭解决问题（指威胁到家庭完整和功能容量的问题）的能力。②沟通（Communication，CM），家庭成员的信息交流。重点在言语信息的内容是否清楚，信息传递是否直接。③角色（Roles，RL），指家庭是否建立了完成一系列家庭功能的行为模式，如提供生活来源，营养和支持，支持个人发展，管理家庭，提供成人性的满足。此外，还包括任务分工是否明确和公平、家庭成员是否认真地完成了任务。④情感反应（Affective Responsiveness，AR），评定家庭成员对刺激的情感反应的程度。⑤情感介入（Affective Involvement，AI），评定家庭成员相互之间对对方的活动和一些事情关心和重视的程度。⑥行为控制（Behavior Control，BC），评定一个家庭的行为方式。在不同的情形下有不同的行为控制模式。⑦总的功能（General Functioning，GF），从总体上评定家庭的功能。

该量表目的是简单有效地找到家庭系统中可能存在的问题。FAD 所确定的问题均可进一步在生物、心理和社会因素方面进行探讨。

3. 家庭谱系图

用图表的形式清晰地呈现家庭个成员之间的关系。

4. 家庭环境量表

家庭环境量表中文版（FES）由费立鹏等人于 1991 年在美国心理学家 R. H. Moss 编制的家庭环境量表的基础上修订改写而成。该量表含有 10 个分量表，分别评价 10 个不同的家庭社会和环境特征：①亲密度；②情感表达；③矛盾性；④独立性；⑤成功性；⑥知识性；⑦娱乐性；⑧道德宗教观；⑨组织性；⑩控制性。该量表含有 90 个是非题，答题时间约 30 分钟，要求受试者具有初等以上教育程度。

家庭环境量表具有较好的效度和重测信度。但在内部一致性信度上有一定的问题。亲密度、矛盾性、知识性和组织性 4 个分量表的内部一致性信度较高，成功性、娱乐性和控制性 3 个分量表的一致性稍差，独立性、道德宗教观和情感表达 3 个分量表的内部一致性信度很差。可能是因为这些分量表的内容不太适合中国文化。在应用量表做解释时应该慎重。

问卷使用要求受试者具有初等以上教育程度，主试应监控受试者完成量表的全过程，在受试者不能理解多个项目时应中止测试并确认答卷无效。

5. 家庭教育方式综合测评

《家庭教育方式综合测评》是北京师范大学心理学院的教师根据多年科学研究的结果，结合实践应用的经验集体编制的，具有较高的信度和效度。本测验采用情境判断的方法，让被测试者根据给定情境的描述与自身情况的符合程度来评定等级。每个测验题目为被测者提出 5 个等级供选择。根据被测者的选项来评定被测者的测验分数，并判定相应的家庭教育方式。

家庭是儿童主要的生活环境，是儿童智能发展、个性塑造，以及价值观、人生观形成的主要影响因素。恰当的家庭教育方式是保证儿童心理健康和各方面能力正常发展的重要前提。

《家庭教育方式综合测评》通过测试沟通程度、自由程度、和蔼程度、独立程度、放手程度、平等程度、爱护程度、关怀程度、鼓励程度、亲密程度、责任程度、期待程度、管理程度、照顾程度等 14 个分量表来综合评定家长的教育方式是否得当。因此，本测验的结果可以为家长改善自己的教育方法提供全面的参考信息，从而更加有效地促进孩子的健康成长。

《家庭教育方式综合测评》适用于具有基本阅读能力的家长来评定自己的教育方式。

6. 婚姻关系合适度评定量表

婚姻幸福是每个青年人向往和追求的目标。拥有幸福的婚姻、和谐的伴侣不仅是个人生活幸福的重要保证，而且往往是一个人在事业上取得辉煌成就的重要条件之一。如何才能获得幸福的婚姻？有人说，只要有爱情就足够了。但是许多已婚人士甚至还未走入婚姻殿堂的人都对此产生了怀疑。婚姻幸福需要的条件包含很多方面。心理学家从人的心理（包括情感）方面分析，总结出幸福婚姻需要三个基本条件：①彼此的情感感觉；②双方的价值观契合；③双方感情具备理性基础。

感觉指的是个人对恋人或伴侣的直观感受，跟他/她在一起是不是有美好的感觉，是不是感到快乐。这是爱情成分的主要因素，与人在幼年的成长过程当中逐渐建立的对异性的潜意识理想模型直接相关，因此这种因素往往很难发生改变。这是婚姻关系是否适合的重要指标。

价值观的契合程度也是婚姻适合的重要指标。相同或相似的价值观是婚姻关系和谐的重要的基础。双方的价值观相似就很容易达到相互理解，夫妻双方会在职业理想和生活目标等方面形成"天然的"共识。

双方感情建立在理性的基础上对于维护婚姻的稳定是非常重要的。虽然感情中包含大量的直观感受因素，但是也同样需要坚实的理性基础，例如，双方是否具有责任感、是否信守诺言、是否真正的了解和接纳对方的优点和缺点而不只是迷恋于外表等。只有能够对这些问题做出肯定的回答，才能获得稳定、美满的婚姻，因此这也是婚姻关系中一个重要的成分。

《婚姻关系适合度评定量表》就是用来帮助青年人了解自己与自己的恋人或伴侣是否具备幸福婚姻的上述条件而编制的，它正是从个人感受、价值观、理性基础等三个方面分析双方婚姻关系的适合程度。《爱情关系适合度评定量表》适用于处在恋爱或者婚姻阶段的成人用来了解自己与伴侣的适合程度，可作为婚姻决策的参考依据。

7. Olson 婚姻质量问卷

Olson 婚姻质量问卷（ENRICH）是美国明尼苏达大学 Olson 教授等于 1981 年编制的问卷。该量表不仅可用于寻求婚姻咨询者的诊断，还可用于婚姻咨询工作中，用于判断婚姻的满意度，识别婚姻中的冲突所在，以便更有针对性地开展婚姻治疗和效果观察。

量表包括 12 个因子：过分理想化、婚姻满意度、性格相融性、夫妻交流、解决冲突的方式、经济安排、业余活动、性生活、子女和婚姻、与亲友的关系、角色平等性及信仰一致性；共 124 个条目，每个条目均采用五级评分制，分别是："确实是这样""可能是这样""不同意也不反对""可能不是这样""确实不是这样"。

（二）朋辈关系网络

1. 友谊质量问卷

美国心理学者 William Bukowski 等人编制了《友谊质量问卷》（FQQ），适合小学或中学年龄的孩子，该问卷要求孩子说出最好朋友的名字，然后按照目前与朋友的关系，对描述的符合程度打分，1 分为完全不同意，5 分为完全同意。

2. 信任量表

信任量表（TS）用于测查关系密切者的相互信任，共有 18 个项目，涉及信任的三种内涵：可预测性、可依靠性和信赖。可预测性指我们能否预见到同伴的特定行为，包括受我们欢迎的行为和不受我们欢迎的行为。量表作者认为凡行为能被预测者，其行为均具有连贯性（无论是一贯地好还是一贯地坏）。而行为不可预测者则不能赢得人们的信任。可依靠性是信任的最核心成分。而信赖则"使人们能无保留地确信同伴将继续负起责任并关心自己"。

信任量表三个分量表中度相关（范围在0.27～0.46之间）。Rempel等人（1985）描述了与本量表有关的许多变量，包括同伴间维持彼此关系的动机和内驱力，信赖对维持两人所起的作用大于所有其他因素。修订版信任量表与前面所介绍的SITS有同样的用途和几乎同样数量的项目。两种量表均包含了测查信任之核心——可依靠性的项目，但本量表更加侧重于一般性的对人性的信任。

（三）社会网络中社会关系网络

1. 亲社会倾向量表

Carlo总结了前人的理论和研究，认为主要有3个变量影响亲社会行为的发生，分别是家庭和社会背景变量、认知和情感变量以及直接的情境特征。

青少年亲社会倾向测量量表（PM）经修订后具有良好的心理学测量指标，PIM的6个分量表（公开的、匿名的、利他的、依从的、情绪的、紧急的），内部一致性信度分别为0171、0178、0176、0174、0173、0156，各分量表与总量表的相关分别为0149、0176、0180、0180、0179、0180，量表修订后的维度划分适用于中国的青少年样本。

2. 社会支持量表

社会支持从性质上可分为两类，一类是客观的、可见的或实际的支持。包括物质上的直接援助、社会网络、团体关系的存在和参与，如家庭、婚姻、朋友、同事等；另一类是主观的、体验到的情感上的支持，指的是个体在社会中受尊重、被支持、理解的情感体验和满意程度，与个体的主观感受密切相关。社

会支持量表采用客观支持和主观支持二分类的社会支持理论，结合支持利用度来构建量表框架

这里选用的社会支持评定量表由肖水源于 1986 年编制，该量表共有 10 个条目，包括客观支持（3 条）、主观支持（4 条）和对社会支持的利用度（3 条）三个维度。

该量表可以了解受测者社会支持的特点及其与心理健康水平、精神疾病和各种躯体疾病的关系。

3. 沟通交流能力测评

沟通交流能力是指个体在事实、情感、价值取向和意见观点等方面采用有效且适当的方法与对方进行沟通和交流的本领。沟通对于任何一个企业来说都是极其重要的，沟通每时每刻都在影响着组织的发展，有 70% 的问题是由沟通协调不利导致的，沟通与协调能力还是现代职业人士成功的必要条件。本测试主要了解被测评人员的沟通能力如何。

4. 社会适应性自评问卷

社会适应性自评问卷适用于测验青少年、青年的社会适应性。对于处于青少年、青年时期的被测试者来说，其正处在人一生中生理、心理迅速发展的阶段，同时又面临着升学、择业等许多重要的选择，这使得处于这个阶段的许多人产生多种复杂的心理冲突。这些心理冲突产生的原因主要是生理的成熟与心理的不成熟之间的不平衡造成的。本问卷将帮助被测试者了解自己的心理成熟程度，即社会适应性处于怎样的发展水平，帮助被测试者更快地完善自身，更好地适应社会生活。

四、犯罪倾向

关于犯罪倾向的量表，本节为取保候审青少年及社区服刑青少年所用量表，我们仍从性格、认知、情绪、行为四方面加

以分析

（一）性格

中国罪犯心理评估个性分测验（COPA－PI），既可用作入监诊断量表，以了解罪犯的个性特点及其社会心理缺陷；也可在矫治过程中和释放前用来验证改造效果，了解罪犯的个性变化。还可用来与其他分量表进行对比，验证其真伪，并对罪犯予以综合评价。

（二）认知

1. 服刑人员价值观测试

本测验主要用于对服刑人员价值观进行相应的评定，以方便监狱干警更好地了解服刑人员目前的心理状态，有助于服刑人员更好地学习改造。

2. 服刑人员说谎问卷

本测验主要用于对服刑人员是否说谎进行相应的评定，以方便监狱干警更好地了解服刑人员目前的心理状态，有助于服刑人员更好地学习改造。

3. 罪犯心理结构状况分测验

罪犯心理结构状况分测验（COPA－SCMI）是罪犯入监诊断量表，旨在摸清罪犯实施犯罪行为的内部动力，以期准确诊断其犯罪心理的特殊性和个别差异，以便采取有针对性的矫治措施，为制定矫治、处遇方案打下基础。

情绪：

服刑人员自杀倾向量表

本测验主要用于对服刑人员是否有自杀倾向进行相应的评定，以方便监狱干警更好地了解服刑人员目前的心理状态，有助于服刑人员更好地学习改造。

（三）行为

1. RW 检测表（人身危险性）（服刑人员）

人身危险性是指服刑人员客观存在的潜在的继续实施危害社会、本人或者他人行为的现实可能性。

2. 服刑人员暴力倾向量表

本测验旨在测试服刑人员潜意识中的暴力倾向，有助于自我及他人的矫正、选拔和防御等。

3. 罪犯犯罪心理结构变化状况分测验

罪犯犯罪心理结构变化状况分测验（COPA－TCMI），是矫治效果和行为预测量表，既可用于矫治过程中阶段性的效果检验，也可用于罪犯释放前矫治质量的总体评估和行为预测，主要是了解罪犯原有犯罪心理结构的变化状况，判断其犯罪心理良性转化或恶性发展的趋势，预测其重新犯罪可能性。

4. 罪犯社会适应状况分测验

罪犯社会适应状况分测验（COPA－SAI），是矫治效果检验和行为预测量表，用于罪犯即将刑满或假释出狱前，主要是检测罪犯再社会化的程度和水平，了解其对社会的态度和对现实社会的适应状况，以确定其回归社会后能否与社会、他人和谐相处，从而预测其重新犯罪几率的大小。

5. 罪犯危险等级评定

本测验主要用于对服刑人员危险等级进行相应的评定，以方便监狱干警更好地了解服刑人员目前的心理状态，有助于服刑人员更好地学习改造。

6. 阿片成瘾严重程度指数

阿片成瘾严重程度指数（OASI）由连智、刘志民于2003年编制，用于评定阿片类药物依赖者的成瘾严重程度，可用于评定治疗效果。

7. 服刑人员再犯风险调查问卷

本测验主要用于对服刑人员是否有再犯风险进行相应的评定，以方便监狱干警更好地了解服刑人员目前的心理状态，有助于服刑人员更好地学习改造。

第四章　高风险青少年

　　本书在第一章第二节中，就"何为高风险青少年"作了详细的梳理。所谓"高风险青少年"，即指生活在高风险家庭中的青少年、失学失业青少年、流浪乞讨青少年和留守儿童。据民政部数据统计，十八大以来，全国共救助流浪乞讨未成年人80.8万人次；2018年，全年救助流浪乞讨未成年人6.8万人次。2018年9月份，民政部出示农村留守儿童数据：全国共计697万农村留守儿童，其中男孩占比54.5%，女孩占比45.5%。各省份的年龄结构与全国基本一致，表现为6～13岁的留守儿童规模最大。[1]然而，上述数据统计仅针对农村地区展开，城市留守儿童并未纳入。国家统计局数据显示，2018年，全国城市居民最低生活保障人数1007万，农村居民最低生活保障人数3519.1万。其中，北京市城市居民最低生活保障人数6.7万，农村居民最低生活保障人数3.8万。[2]这些数字的背后，隐藏着一个又一个的高风险青少年，他们或许正在面临监护缺失的风险，又或许正面临生活经济的窘迫……

---

　　[1]　"图表：2018年农村留守儿童数据"，载中华人民共和国民政部网，http://www.mca.gov.cn/article/gk/tjtb/201809/20180900010882.shtml，访问时间：2018年9月1日。

　　[2]　国家统计局网，http://data.stats.gov.cn/search.htm? s = 低保。

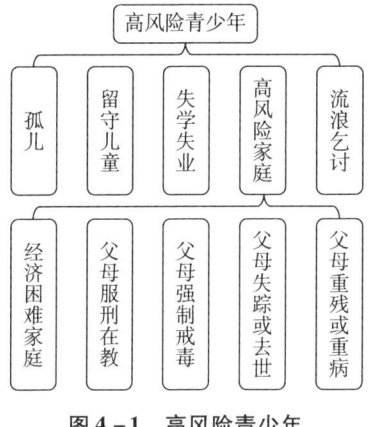

图 4-1　高风险青少年

第一节　高风险青少年的问题和需求分析

一、问题表征

　　高风险青少年群体，往往是由于家庭监护缺失或家庭经济困难，经由政府相关部门的委托转介，最终由社会工作者直接介入的一群青少年。如本书第一章第二节中对高风险青少年现状的具体阐述，当前他们所面临的问题主要集中在：①家庭经济条件较差、生产困难，青少年的生存权、发展权无法得到充分的物质保障；②社会关系网络较为薄弱，青少年所能获得的物质、情感等支持较少，尤其是家庭情感关怀困难；③大部分高风险青少年的家庭结构破损严重，家庭主要成员（尤其是父母）缺失，他们或服刑在监，或被强制隔离戒毒，亦或是失踪、去世，影响家庭功能的正常运转；④家中主要成员患有重病或重残，导致家庭照顾困难，青少年过早亲职化；⑤青少年人际交往能力有待提高，尤其是与同辈群体的交往能力；⑥面临负面情绪的困扰，如自卑、无助、羞愧等；⑦教育资源匮乏,普遍呈现受教育程度较低,学习困难等表现；⑧容易出现不良行为,如：旷课、逃学、上网吧和 KTV 等不适宜青少年进入的娱乐场所,上述行为不加干预,极易引发偏差行为；⑨遭遇社会风险的可能性较大,如交通事故、溺水窒息、煤气中毒、校园欺凌等。

二、需求分析

结合上述高风险青少年所面临的问题表征,不难发现,高风险青少年的基本需求主要集中在生存和安全层面,具体包括：社会救助、社会支持网络的构建、人际关系处理、负面情绪疏导、社会风险规避等。

1. 社会救助

无论是失学失业青少年,还是留守儿童,或是流浪乞讨青少年和生活在家庭经济生产困难的青少年,他们最迫切的基本需求之一就是获得社会救助。

社会救助是世界上最悠久的社会保障制度,它的渊源可以追溯到古代的救灾、济贫事业。因此,社会救助有时候也被称为社会救济。"我国的社会救助,往往指国家和社会针对由贫困人口和不幸者组成的社会脆弱群体,由政府为其提供物质和社会帮助,从而帮助他们摆脱生存危机,维持最低生活水平。"[1]高风险青少年大多面临着生存困境,他们未来的一切改变与发展均需要建立在最低生活保障的基础上。因此,社会救助是短期内协助他们解决生存困境的最应急有效的方式。

2. 社会支持网络的构建

国家和其他社会主体所提供的最低生活保障仅能保证高风

---

〔1〕 潘锦棠：《社会保障学概论》,北京师范大学出版社 2012 年版,第 183 页。

险青少年们的基本生活需求，倘若在此基础上想要有所改变和发展，则离不开青少年们自身所处的社会支持网络。

　　所谓社会支持网络，指的是由个人接触所构成的关系网，透过这些关系网，个人得以维持其认同，并获得情绪支持、物质援助、心理疏导、社会信息和新的社会关系等。高风险青少年往往表现出较为有限的社会关系，只有为数不多的朋友，甚至没有朋友。因此，协助高风险青少年拓展自身的社会关系网，在原生家庭的基础上，改善家庭沟通方式和家庭教养模式，提升家庭成员间互相支持的有效性；拓展固有的朋友圈，提升关系质量，发展共同兴趣爱好；积极融入社区生活，与周围的同学、邻人处好关系等。通过拓宽规模、夯实质量来构建并提升高风险青少年的社会支持网络。

　　3. 人际关系处理

　　良好的人际交往能力是一个人获得有效的社会支持网络的基础。高风险青少年需要在与人相处的过程中，提升自己的人际交往能力，从而拓宽人际交往关系，获得自身生存和发展的有效资源。

　　人际交往能力是指妥善处理组织内外关系的能力，包括与周围环境建立广泛联系和对外界信息的吸收、转化能力，以及正确处理周围关系的能力。它要求个体有一定的表达理解能力、倾听交流能力、宽容欣赏能力、解决冲突能力和正确认知自我、关心他人的能力，在与他人的交往过程中，遵循平等、尊重、信任和真诚等原则。高风险青少年需要在日常生活中，拓宽自己的生活圈，积极参与学校、社区和社会组织的活动，在活动中锻炼自身的人际交往能力，提升人际关系处理水平。

　　4. 负面情绪疏导

　　高风险青少年由于身处结构破碎的家庭，或者身处经济困难的生活状态，往往会表现出诸如紧张、焦虑、无助、沮丧、自卑、悲伤、痛苦等负面情绪。这些情绪的存在不仅会使他们自身感到越来越不舒服，而且不加适时引导，很有可能会进一步影响他们的学习和生活。

青少年阶段是人生发展过程中最重要的阶段，在这一时期他们不仅要完成自我认同，还要完成学业学习、结婚生子等人生大事。对于高风险青少年来说，这些人生挑战顺利完成的难度更大，他们需要强大的抗逆力来完成。负面情绪的存在，通常会影响到抗逆力的提升。因此，高风险青少年对负面情绪的疏导需求较为明显。

5. 社会风险规避

青少年时期是一个人形成正确的世界观、人生观和价值观的关键时期。高风险青少年由于自身所处的现实情况，导致他们在成长过程中抵制社会各类风险的有效庇护力量薄弱。家庭监护的缺失、学校教育的匮乏、网络监管的不力和社会多元亚文化的盛行，让高风险青少年较普通青少年更加裸露地出现在社会各类风险面前。因此，通过社区、社会组织和全社会的努力，协助高风险青少年成功规避社会风险，是确保他们健康成长的有效推动力。

6. 其他个性化需求

除了上述共性的需求外，高风险青少年还有部分个性化的需求同样需要我们的关注。例如：部分留守儿童面临的教育资源匮乏；流浪乞讨少年的寻家寻亲；生活在高风险家庭中青少年的特殊辅导，如亲职教育等；失学失业青少年的资源链接等。

第二节　高风险青少年的实务经验

北京市朝阳区方舟社会工作发展中心自成立以来，在朝阳区服务介入了大量青少年个案，其中包含高风险青少年。通过对高风险青少年的实务介入，社工们发现，激发个体改变的内驱力、关注高风险青少年的原生家庭和积极协调社会多方力量，是保障服务有效介入的关键。

一、激发个体改变的内驱力

"助人自助"是社会工作的专业价值理念。社会工作的介入，并不是直接帮助服务对象解决问题，而是在协助服务对象解决问题的过程中，培养起服务对象自己解决问题、自己帮助自己的能力。因此，社会工作者在对高风险青少年进行介入服务时，最主要的是激发高风险青少年自身想要改变的主动性和积极性，让他们自己产生"改变自我、走出困境"的意识。高风险青少年就如同蹒跚学步的婴儿，而社会工作者只不过是他们学步时期的陪伴者，确保他们迈步方向的正确性，与他们一起安全地到达目的地。这一过程中，他们既习得了如何迈向目标，又掌握了走路的技巧，并最终主要依靠自己的力量完成了既定目标。社工在高风险青少年完成挑战后，需进一步强化其成就感和满足感，并通过回顾挑战历程，让他们掌握在未来面对类似困境时的应对能力。

二、关注高风险青少年的原生家庭

一个家庭的和谐、稳定对青少年的健康成长有着极为重要的意义，家庭是一个人生活和成长的重要港湾，也是一个人持续汲取能量的大本营。因此，对高风险青少年的介入服务，离不开对他们原生家庭的关注与分析。

（一）青少年与家庭结构

家庭结构（family structure）指"家庭的构成情况，它是由全体家庭成员相互作用和相互联系所组成的稳定的整体性关系模式和维系机制"。[1]在此，我们可以将其理解成家庭成员的组合形式。常见的家庭结构有夫妻家庭、核心家庭、主干家庭和联合家庭，以及其他形式的家庭，诸如单亲家庭、隔代家庭、同居家庭等。

不同的家庭结构，对青少年的成长会造成不同的影响。了解高风险家庭青少年的家庭结构，是评估其切实需求的必要条件。社工在了解清楚高风险青少年的家庭情况后，可以借助家庭结构图，将其清晰地呈现出来。一是通过构图可以进一步厘清服务对象与家庭各成员间的关系；二是可以推测影响高风险青少年现状的相关因素；三是可以在此基础上挖掘家庭中可利用的优势资源。在基本掌握了高风险青少年的家庭结构情况后，在有准备的情况下与高风险青少年展开会谈，可以更快地聚焦到他的需求，建立良好的关系。

（二）青少年与家庭功能

家庭功能是多方面的，主要指家庭在人类生活和社会发展方面所能起到的作用。高风险青少年往往是因为其所处的家庭无法有效发挥应有的功能，如：经济功能、情感支持功能、教育和社会化功能等，所以才会成为高风险青少年。具体来讲：①家庭的经济功能包括家庭中的生产、分配、交换和消费，它是家庭功能的物质基础。若家庭无法保证经济再生，那么很容易造成青少年在成长过程中的需求得不到物质上的保障，增加青少年失学、流浪乞讨的可能性。②家人间的情感交流和支持是人的基本心理需求，若家庭成员之间的情感支持匮乏，青少

---

〔1〕 张培、刘娅茜主编：《社会学新编》，云南大学出版社2018年版，第124页。

年在遇到一些困扰时，便无法有效地从家庭中得到情感或情绪上的支持，从而增加其接触社会不良消遣方式的风险。③家庭教育和社会化包括父母对子女的教育以帮助其实现社会化和家庭成员互相教育以完成继续社会化两个方面。倘若家庭的教育和社会化功能发挥不良，则会导致青少年缺乏完成社会化的安全环境，过早地独自暴露在社会风险之下。

基于此，对高风险青少年的介入，需要首先确定其所处的家庭功能是否完善；若不完善，需要确定缺乏何种功能。其次才是如何开展相应的介入服务修复该功能，从而增强青少年抵御外界风险的庇护力，改变高风险青少年的现状。

（三）青少年与家庭教养方式

家庭的教养方式，在青少年的成长过程中发挥着不容小觑的作用。鲍姆林德曾在 20 世纪 60 年代研究了 100 多个家庭，发现不同的父母教养方式主要差别在于爱和规矩这两个维度。她用了比较专业的词汇：响应（responsiveness）和要求（demand-ingness）来代表爱和规矩。根据这两个维度上的强弱结合，勾画出了四种不同的父母教养方式。

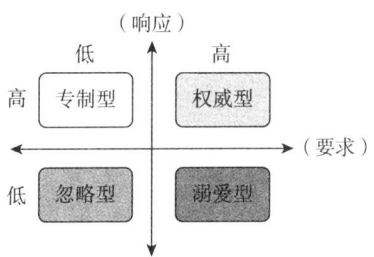

图 4 - 2　鲍姆林德家庭教养方式

①高要求高响应的是权威型，也称民主型。父母在尊重和理解孩子的基础上，为孩子提出合理的要求，并设立适当的目

标，对孩子的行为进行适当的限制。在这样的家庭教养方式下成长起来的青少年，往往有很强的自信心和较好的自我控制能力，会比较乐观积极。②高要求低响应的是专制型。父母通常要求孩子无条件地服从自己，亲子间的关系往往不对等。在这种教养的方式下成长的孩子，容易出现焦虑、退缩等负面情绪和行为，但他们同时也可能会表现出比较听话、守纪律的特点。③低要求高响应的是溺爱型，也称放纵型。父母往往对孩子表现出更多的爱和期待，对孩子较少提要求和行为限制。导致这种教养方式成长下的孩子容易出现强依赖性和自控力差的表现，往往缺乏恒心和毅力。④低要求低响应的是忽略型。父母通常对孩子的成长漠不关心，只是提供生活必需的衣食住行等保障，缺乏精神支持和情感沟通。这类教养方式下成长起来的孩子，往往社会适应能力和自我控制力较差。

在社工所接触的高风险青少年中，在忽略型和溺爱型的家庭教养模式下成长起来的较多，他们在家庭中通常没有接受过来自父母的引导教育和行为约束。

三、积极协调社会多方力量

在高风险青少年的介入服务中，除了激发个体改变的内驱力和关注他们的原生家庭外，还需要同步链接多方资源，积极协调社会多方力量，从而做到内外兼修。

每个个体都是生活在社会中的，社会工作一向强调"人在情境中"。我们在面对需要介入的高风险青少年时，也要将其放在他所处的社会系统中：个体——家庭——社区——学校——社会。因此，除了对其个人和家庭进行介入，还需要同步开展学校、社区的相关服务，如：与主管老师进行沟通交流，商定学校在引导降低该青少年社会风险性层面需要做出的努力和配合；与社区工作者进行及时交流，借助社区开展的系列活动，协助该青少年融入社区，进而融入社会。此外，如有需要，还应及时与政府相关部门进行沟通，为高风险青少年申请相关救助和社会福利。需要注意的是，在这一过程中，需要让高风险青少年占据主动性，社工只是政策资源的链接者和高风险青少年行动的支持者与陪伴者。只有这样，才能让受服务的高风险青少年在整个过程中，掌握未来应对类似情况的能力，提升其社会适应力和抗逆力。

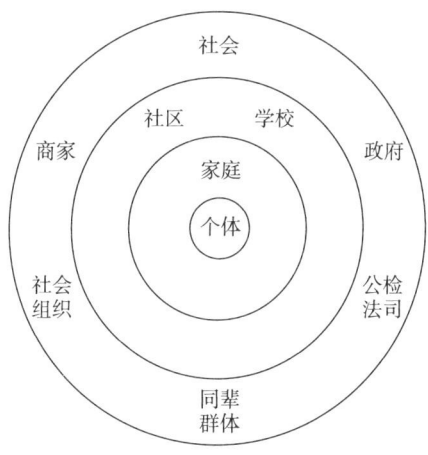

图 4 - 3　"人在情境中"模型图

第三节　案例展示

一、案例介绍

（一）背景资料

2019 年，北京市朝阳区方舟社会工作发展中心受北京市某区民政局的委托，开展困境未成年人的社会工作服务项目，对

"程家三兄弟"进行了入户走访。

经了解，"程家三兄弟"是三胞胎，出生于 2005 年。他们的母亲患有精神障碍，经鉴定属于国家一级残疾。6 岁那年，三兄弟的母亲因过失杀人罪（受害者为三兄弟的父亲）被捕入狱。据相关资料显示，父亲有酒精依赖，醉酒后会对母亲实施家庭暴力。事发当天，父亲醉酒回到家中，打完母亲后，又想要动手打儿子，被母亲拦下，并用刀失手将父亲杀害。

父亲的死亡、母亲的入狱，让这个五口之家瞬间崩塌。随后，经北京市某区公安局和北京市某区民政局相关科室等部门的联合评估，三兄弟的其他成年近亲属并无能力抚养三兄弟。因此，三兄弟被送往北京市某福利院。2018 年 11 月底，三兄弟的母亲被释放出狱。2019 年 6 月底，三兄弟离开福利院开始了与母亲的共同生活。目前，他们在朝阳区某小学读六年级，兄弟三人分别在不同班级就读。

（二）服务对象需求评估

"程家三兄弟"曾目睹自己的母亲将父亲杀害的全过程，这件事的发生，必然给他们幼小的心灵留下了不容忽视的阴影。然而，创伤形成期距离我们发现他们当前处境时已经过去了 8 年。三兄弟针对当年的事件已然形成了自己的应对方式，当前并未表现出明显的创伤后应激障碍等症状，反而是一些目前亟待解决的客观现实问题在困扰着他们的成长和生活。根据马斯洛层次需求理论，人最基础的需求是生存，其次是安全，再是发展。基于此，接到此案后，我们首先要做的就是评估直接影响他们当前生存和安全的困境需求，以便及时进行精准化的有效介入。

"程家三兄弟"家庭破裂，父亲去世，母亲患有精神疾病。6 岁到 14 岁，他们都在福利院成长生活，8 年间，三兄弟经历了从原生核心家庭到福利院，又从福利院回到单亲家庭的过程，当前刚从福利院回到母亲身边。长达 8 年的疏离，使得三兄弟与母亲之间的情绪情感沟通存在着一定的问题，他们无法向母亲有效的表达自己的需求和真实想法；也无法有效地应对患有精神疾病的母亲带来的潜在生活风险。同时，母亲是家中唯一具有劳动能力的人，然而她患有精神疾病的客观现实，使得家庭经济收入面临着严峻的挑战，亟需社会相关部门提供经济救助。此外，在福利院时，他们只能得到基本的生活照顾和人身安全的保障，对于学习要求并不高。因此，他们出院进入普通小学后，无法跟上新学校的学习进度，有着强烈的课业辅导需求；三兄弟人际交往能力尚显不足，在学校里朋友较少。最后，值得注意的是，母亲经常会毫不避讳地在三兄弟面前反复提及自己杀害丈夫的事情，并表达自己对三兄弟的愧疚，然而三兄弟对此一般毫无反应，母亲这一行为很有可能会无意中加深三兄弟的心理创伤。

基于此，我们不妨按照需求的紧急与必要程度的不同，将当前三兄弟可能亟需介入的基本需求梳理如下：①及时获得相关部门的经济救助；②自我保护意识的树立，识别母亲情绪状态的基本知识和在家中自我保护能力与技巧的掌握；③与母亲一起生活后，母子间沟通方式的改善，以及角色和生活形式的再适应；④阻断母亲反复提及事发时的场景，避免创伤的重复暴露；⑤人际交往能力和社会适应力的提升，以融入学校的学习环境，与同辈建立良好关系；⑥获取相关课业辅导的渠道，加快学习能力的提升。

（三）服务对象的自我阐述

通常情况下，我们面对的服务对象是一个青少年。然而，由于本案的特殊性，我们的服务对象是"三兄弟"。关于他们的自我阐述，是社会工作者根据与他们的集体访谈结果，记录梳理下来的。为方便读者阅读，我们按照三兄弟的出生顺序，将他们称为"大程、二程和小程"。

大程告诉我们，他们三兄弟并不怨恨母亲将父亲杀了，他们觉得母亲是在保护他们。对于这件事情，他们并不想过多提及，<u>只是母亲经常在家中有人前来探访的时候反复提及，这让他们很不舒服。</u>（需求一）二程和小程对哥哥的感受与想法表示认同。

二程认为，<u>他们与母亲已经 8 年没有在一起生活过了。他觉得自己有时候并不知道该怎么跟母亲表达自己的想法。</u>（需求二）有一次，二程想要在卧室写作业，母亲那几天买了一张圆桌，就想让二程到圆桌上来写作业。二程不愿意，母亲就进去卧室将其揪出来（拽衣服），一定要他在圆桌上写作业。大程和小程虽然并没有像二程一样，有明显的与母亲想法不同的时候，但他们也觉得自己并不知道该如何跟母亲交流自己的想法以及得到母亲的支持，他们隐约感觉到母亲的执拗。二程和小程都想赶快长大，早点自己买房子搬出去住。

小程则觉得，除了两位哥哥说的这些之外，他们在福利院的那段时间，就总被人欺负。现在，虽然他们在上学了，<u>但依旧觉得在学校里没有什么朋友。</u>（需求三）他们也不在一个班级就读，所以很想能调到一个班。大程补充，<u>他们有时候学习起来也比较吃力，感觉自己有点跟不上。</u>（需求四）二程听到哥哥和弟弟所说后，看着社工点了点头。

（四）服务模式

在此个案中，社工拟采用任务中心模式进行介入。所谓任务中心模式，即"在有限的时间内实现由服务对象自己选定的明确目标的任务",[1]以解决服务对象的具体需求。结合现实情况，本案留给社工的介入时间并不长，而案例本身又较为复杂，我们可以看到"程家三兄弟"由个人到家庭的层层需求，既要保证他们的基本人身安全和生存安全，又要有一定的发展引导。同时，他们还有长期形成的内在心理创伤等需要常态化干预的问题。因此，社工在接案进行评估后，只能首先解决"程家三兄弟"在短期内通过外界干预可以有效得到满足的基本生存和安全需求，对他们的个人学习需求做出一定的回应。即案例整体以任务中心模式进行服务计划的设计和介入实施。

任务中心模式认为，"高效的服务介入必须符合五个方面的基本要求：一是介入时间有限；二是介入目标清晰；三是介入服务简要；四是介入过程精密；五是服务效果明显"。[2]在任务中心模式看来，任务就是案主为了解决自己的问题或者满足自己的需求，所需要自己完成的工作。"任务"是服务介入的核心手段，是实现服务介入目标（解决案主问题，满足案主需求）的关键。在任务完成过程中，社会工作者需要特别注意案主的"自主性"，即：①案主有处理自己问题的权利和义务，尊重案主对当前自己有何需求、亟待满足何种需求和如何满足需求的意见，激发案主参与介入的主动性；②案主自身有解决自我问题，满足自我需求的潜力，社会工作者更多扮演着使能者的角色，激发引导案主自身潜力。

通过社会工作者的前期需求评估，我们可知"程家三兄弟"

---

〔1〕　全国社会工作者职业水平考试命题研究中心主编：《社会工作综合能力（中级）》，中国石化出版社 2012 年版，第 97 页。

〔2〕　全国社会工作者职业水平考试命题研究中心主编：《社会工作综合能力（中级）》，中国石化出版社 2012 年版，第 97 页。

当前对以下需求有着强烈的满足欲望：①阻断母亲频繁提及杀害父亲事件所带来的不舒服感；②改善并提高与母亲的沟通效果；③提升自身人际交往能力以适应学校生活；④一定的课业辅导等。同时，社会工作者根据案件评估，认为"程家三兄弟"由于母亲患有精神疾病，因此他们与母亲住在一起有两个亟需满足的需求，即：①经济救助；②自我保护意识和技能。基于此，社会工作短期介入本案的基本任务已经梳理清晰，并得到了案主的认可。

（五）服务计划

服务计划是社会工作者基于案主所处的生态系统，包括个人系统（性别、年龄、教育背景、认知能力等）、家庭系统（家庭结构、家庭关系、家庭经济状况等）、社区系统（邻里关系、社区环境等）和社会系统（国家政策、地方政策等）等，精准地进行需求评估，并在此基础上所制定的可以指导整个介入过程的行动框架。服务计划不只是着眼于某一要素，而是将案主周围的各种相关要素统合起来，对案主所处的系统情境形成一个完整的认识，并在此基础上进行理性思考作出的决定，它包括需求评估和具体的介入计划，即"制定目标及选择为了达到目标而采取的行动"。[1]其中，目的是社会工作介入结束时所要努力达成的整体效果；目标则是为了实现这一介入效果，分阶段或分时间需要完成的一个一个小任务。

需求评估的开展，社会工作者将基本按照社会生态系统理论，对案主所处的各级系统进行走访调查，具体过程详见下文"服务过程"，在此不做赘述。我们将计划的重点放在评估结束

---

〔1〕 化学工业出版社组织编写：《社会工作实务（中级）》，化学工业出版社2013年版，第41页。

后的介入计划制定中。

1. 介入的目的和目标

（1）目的：帮助"程家三兄弟"提高新环境的适应能力，改善三兄弟的生存环境，保障三兄弟的基本生存和人身安全，激发三兄弟的发展动力。

（2）目标：①帮助"程家三兄弟"及时获得相关部门的经济救助；②协助"程家三兄弟"树立自我保护意识，掌握识别母亲情绪状态的基本知识和自我保护的相关技巧，提升自我保护能力；③改善"程家三兄弟"母子间沟通方式的改善，以及角色和生活形式的再适应；④阻断母亲反复提及事发时的场景，避免三兄弟的创伤重复暴露；⑤提升"程家三兄弟"的人际交往能力和社会适应力，以融入学校的学习环境，与同辈建立良好关系；⑥链接相关课业辅导的资源，提升"程家三兄弟"的学习能力和学习水平。

2. 介入系统和介入行动

根据社会工作者前期对"程家三兄弟"的家庭和社会环境的预估，可以发现"程家三兄弟"当前自身及其所处的环境中为实现上述目标所具有的资源和限制。在任务中心模式的行动指导下，结合生态系统理论，制定以下介入计划：

介入目标	介入方式	目标完成主体	受益人		负责主体
			直接	间接	
获得相关部门的经济救助	协助三兄弟申请低保	社工（协助）＋三兄弟、母亲（准备资料）	三兄弟	母亲	社工

介入目标	介入方式	目标完成主体	受益人		负责主体
			直接	间接	
树立自我保护意识，提升自我保护能力： 1. 掌握识别母亲情绪状态的基本知识； 2. 学习自我保护的相关技巧	1. 以"情绪识别"为主题开展 2~3 次个案辅导，分别是对自我情绪的识别和对精神患者的情绪识别； 2. 以小组（兄弟三人）的形式讲述在面对他人情绪暴躁时，如何在有限的空间内进行自我保护。（结合三兄弟家的结构）一起整理相关求助部门的联系方式。	社工（引导） + 三兄弟 （学习）	三兄弟	母亲	社工
改善母子沟通方式，提升家庭再适应能力、与母亲相处的能力	由社工引导三兄弟识别自己的需求与想法，同时讲述与他人进行沟通时的表达技巧	社工（引导） + 三兄弟 （学习）	三兄弟 + 母亲	——	社工
阻断母亲反复提及事发时的场景，避免三兄弟的创伤重复暴露	由社工对母亲的情绪进行安抚，并向其阐述当着孩子的面讲述这些信息的负面影响，协助母亲合理掌控自我的倾诉欲。	社工（介入） + 母亲（配合）	三兄弟 + 母亲	——	社工

续表

介入目标	介入方式	目标完成主体	受益人		负责主体
			直接	间接	
提升人际交往能力和社会适应能力	邀请三兄弟课余时间参加社区活动和社工开展的成长性小组	社工（引导）＋三兄弟（参与体验）	三兄弟	母亲	社工
提高的学习能力和学习水平	社工链接相关教育辅导资源，由社区志愿者或大学生志愿者定期为三兄弟开展课业辅导活动	社工（链接）＋志愿者（服务）＋三兄弟（学习）	三兄弟	母亲	社工

（六）服务过程

阶段一：建立关系 评估需求

这一阶段是整个服务过程的起点，也是介入过程得以顺利推进的关键点。在这一阶段，社工既需要完成对案主当前个体状态的评估，也需要掌握案主所处的家庭、社区和社会等系统的具体情况，从而精准地获得案主亟待介入的基本需求。

1. 外部间接了解

2019 年 7 月初，方舟社工第一次得知"程家三兄弟"的事情，根据社区提供的相关个案资料，对三兄弟及其母亲的情况有了大概的了解。随后，社工积极走访三兄弟所在的社区、学校、大姨（监护人）和曾经的福利院，以便进一步了解三兄弟的相关信息，为与三兄弟的见面和建立关系铺垫基础。

经了解，"程家三兄弟"现年 14 岁。根据青少年的身心发展特征，一般情况下，这一年龄段的孩子正处于青春期，自我意识比较强，既期待成人的支持与关注，又反感过度的关注和管束。尤其是"程家三兄弟"成长经历特殊，很有可能会比其他同龄孩子更加敏感。因此，社工在与三兄弟的见面过程中，要严格遵守"平等、尊重、自主、自决"等原则。

三兄弟的母亲与其父亲结婚之前，曾经有过一段婚姻。在那段婚姻里，其母生下一个女儿，而后因为夫妻感情不和伴有家庭暴力而离婚。2004年，其母亲与父亲结婚，父亲是一个"瘾君子"（酒精依赖），母亲当时也患有精神疾病。2005年，三兄弟出生了。2011年，母亲失手将父亲杀害。三兄弟的奶奶自此不再和三兄弟家来往，也不认养三兄弟。因此，他们被送往福利院，期间只有大姨（母亲的姐姐）前去看望他们。2018年底，母亲出狱。2019年6月底，三兄弟被母亲从福利院接回，与其一起在家居住生活。三兄弟与社区的人关系较为融洽，社区知晓大概情况的老人们都比较同情三兄弟的经历，因此平日里会主动和三兄弟说话。在学校里，据老师反映，三兄弟并不善交流，与同学较为疏远。大姨告诉社工，三兄弟在福利院的时候，就总是被大孩子欺负。因此，她担心三兄弟在学校里也会受到同学们的排斥。

2. 案主直接了解

2019年7月中上旬，方舟社工在梳理完案主所处的基本境况，做好充分的准备后，在社区相关工作人员的带领下，与三兄弟在社区社工服务站进行了3次会面，在三兄弟的家里进行了1次会面，每次约间隔2天。

（1）首次见面：讲明来意，聚焦"当前的生活和学习"。

三兄弟对社区工作人员已经相当熟悉和信任，第一次见面，社工在社区工作人员的带领下，主动向三兄弟表明身份和来意，与三兄弟很快建立了基本的关系。

本次见面，社工并没有直接谈及他们成长过程中的特殊经历，而是聚焦于"当前的生活和学习"，在带领他们参与了简单的热身游戏后，邀请他们与社工一起分享当前学习和生活中的小故事，以尽快拉近距离，建立良好关系。三兄弟讲述，当前跟随母亲居住已经2个月左右了，他们刚刚从福利院出来还是很开心的，觉得妈妈很疼爱自己。在学习上，他们坦言自己目前正在读六年级，三兄弟不在同一班里。但是，三兄弟有一个共同的困扰，就是觉得自己跟不上班级的教学进度。其中，二程的班主任与他们在一个社区居住，这个老师有时会把他们留下来补补课，然后再一起回社区。当社工问到在学校里与同学们的关系如何时，三兄弟互相看了一眼，都有些不好意思地低下了头。原来，他们由于刚刚转学不久，在这个学校里还并没有什么朋友，他们自己也不想要朋友，只想三兄弟在一个班里。

此外，社工在活动中观察到，"程家三兄弟"性格不一，但都较为友善。大程比较沉稳安静，也就是比较"乖"；二程则比较有主见，活动中通常有自己的想法；小程则相对比较活泼，性格开朗，最容易与他人打交道。首次会面较为顺利，社工与三兄弟约定好了下一次的分享主题是"以前的生活和学习"。

（2）第二次见面：加强关系，了解"以前的生活和学习"。

社工与三兄弟的第二次会面，同样选择了在社区的社会工作站。其一，这里离三兄弟的家很近；其二，三兄弟对这里的环境和工作人员都很熟悉；其三，三兄弟放学后喜欢来这里，而他们的母亲也比较放心。

这一次，三兄弟刚刚到社区工作站的时候，看到社工既腼腆，又喜悦。社工依旧先是与他们进行了简短的热身游戏，打造一个轻松的氛围。随后社工提议，借助纸牌以比大小的方式，看谁的牌最小，谁就来和大家分享一件自己在"以前的生活或学习"中的事情。三兄弟很快就在游戏中，慢慢讲述起自己的过往。据他们的分享，之前的几年，他们一直在福利院生活。

福利院里有老师照顾他们，给他们吃的和穿的，那里有很多小朋友跟他们一起玩。但是，他们依稀记得自己还有妈妈，这是与其他小朋友不一样的地方，有时候他们会在福利院里想妈妈。大姨隔一段时间会去看他们，除了送一些吃的外，好像也不会有过多的交流。他们有时候在福利院会受大孩子的欺负，互相打架，但每次三兄弟都联合在一起，也算是他们自己的互相保护。在那里，虽然也会学习一些知识，但是他们觉得并不像外面这样，学得那么多。更多时候，福利院学习的是如何表演一些节目，通常情况下，每次有检查的时候，他们都要表演。所以，他们现在在新学校里，学习上有些吃力。相比于之前的生活和学习，他们觉得现在还是比较幸福的，因为回到了妈妈身边。只是8年没有见过妈妈了，他们觉得妈妈和记忆中的有些不一样了，有时候也不知道该怎么跟妈妈说自己的想法，但是整体来看，他们还是喜欢现在的生活的，因为他们有自己的家了。

社工在三兄弟的讲述过程中发现，三兄弟有着轻微的口吃，不仔细观察不会发现。同时，也可以感受到，三兄弟对当前如何与母亲相处有一定的焦虑，不太擅长表达自己的想法。于是，社工与三兄弟约定，下一次的分享主题是"我们与妈妈之间的那些事儿"，三兄弟点头表示同意。

（3）第三次见面：深化关系，谈谈"我们与妈妈之间的那些事儿"。

三兄弟如期与社工进行了第三次见面，可见三兄弟与社工之间的信任关系逐渐形成。这一次，社工带领三兄弟一起体验了"不倒翁"的游戏，进一步强化了三兄弟和社工之间的信任。在轻松愉快的游戏过后，社工引导三兄弟首先分享了游戏体验过程中的感受，让他们意识到彼此之间的信任，并在此基础上开展今天的主题分享。

　　社工首先让三兄弟合作画一幅妈妈的画像。三兄弟将妈妈画得很高大，几乎占满了整张纸。紧接着，社工让他们在这张纸上分别画出自己。社工发现，大程将自己画在了妈妈的身边，与妈妈手牵着手；二程则选择画在妈妈的另一旁，与妈妈并行，并没有肢体接触；小程则将自己画在了二程的旁边，低头蹲在地上玩。

　　社工让三兄弟分别用几个词或者几句话来描述妈妈。大程说，妈妈是一个照顾他们的人，每天都给他们做吃的，很爱他们；二程说，妈妈是一个固执的人，有时候做事情必须得按妈妈的要求做，不然妈妈就会生气，所以他不是很喜欢跟妈妈住在一起，想快点长大自己买房住；小程说，妈妈就是妈妈，对他们还行，但是有时候莫名其妙爱生气，二哥说得对，他也想快点长大，自己买房子出去住。三兄弟在画上给妈妈留下的词语是：妈妈、亲人、关爱、爱生气、固执、好看、爱哭等。社工紧接着让三兄弟描述一下画中的自己在做什么。大程说，他在跟妈妈牵着手一起散步，他不会离开妈妈，妈妈是爱他们的，弟弟们想要离开妈妈他是不认同的；二程说，他就是在跟着妈妈走路，向前走；小程说，他在自己蹲着玩泥巴。最后，社工让三兄弟圈出他们最认同的一个描述妈妈的词，他们都选择了"妈妈"。

　　通过这次见面，社工进一步发现了三兄弟在与妈妈的相处过程中，虽然都十分认可妈妈，但是他们每个人对妈妈也有不同的看法和自己的感受。大程对妈妈的依赖更强，二程则对妈妈的某些行为表示不满，留有自己的意见，小程则表现得相对游离，仿佛他在有意地阻断对妈妈的情绪感受。社工对三兄弟今天的分享给予肯定的回复，并尝试询问是否下次可以去他们家做访谈，与妈妈见见面。三兄弟在短暂的沉默后，点头答应回家问问妈妈的意见。

　　（4）第四次见面：拓展关系，三兄弟的家庭会谈。

上次分别后，三兄弟很快就托社区工作者们联系了社工，表示他们的妈妈同意社工进行家访会谈。社工在与三兄弟约定好的日子来到他们家，二程带着社工进到房间。社工向他们的母亲简单地做了自我介绍，并讲明受相关部门委托，为三兄弟提供为期两个月的社工服务，今天来到家里，是想听听妈妈对孩子的感受。

三兄弟的母亲将家中收拾得干干净净，可以看得出家中的桌子和柜子是新换过的。母亲告诉社工，这是她"出来"后重新买的，方便孩子们写作业和收纳衣服。三兄弟的母亲是一个健谈的人，丝毫没有让人觉得生疏，没等社工问什么，她便开始讲述起自家的情况。她告诉社工，她还有一个与前夫生的女儿，也住在这个小区，现在已经考上大学了。只是，自从出事后，女儿再也没有跟她联系过。她讲到出事那天，丈夫酗酒回来，她担心丈夫会和往常一样与自己打架，就让孩子们躲到了柜子里。结果，丈夫真的打了她，并开始找孩子，她说当时孩子小，以为是爸爸妈妈跟他们玩捉迷藏，在柜子里笑了。于是，丈夫手里便拿着刀过去了，她以为丈夫要伤害孩子，所以把刀夺过来后将丈夫杀了。发生的这一切，孩子们都看在了眼里。紧接着她就报了警，警察将她带走了。第二天，她就在知情同意书上签了字，将孩子送进了福利院。她还告诉社工，当前家里经济比较困难，她的身体状况还不能胜任较复杂的工作，想去做保洁挣点钱。三个孩子上学需要花钱，吃饭也需要花钱，几年前的积蓄已经为孩子交了学费，买了衣服和桌子、柜子。现在，她每个月大概需要花费400元用来吃饭，但这样下去不是办法……

社工发现，三兄弟的母亲有很强烈的倾诉欲。从社工进入他们家中开始，她便开始了自我讲述，对于三个孩子的情绪基本上不会有所顾忌。40分钟左右的家访，几乎全部都是她在讲话。社工在最后与三兄弟约定了下一次的见面时间和讨论主题，

"讲出需求，制定目标"。

（5）第五次见面：确定需求，商定介入目标。

这是第一阶段的最后一次会面，社工与"程家三兄弟"如约在社区社工服务站相见。经过前几次的单独会面和上一次的家庭会谈，结合之前的外部走访，社工已经基本梳理出了三兄弟的当前需求。这一次，社工将鼓励三兄弟大胆地说出自己的需求，对社工之前梳理好的需求与三兄弟进行确认，一起商定接下来的介入方案和介入目标。

由于双方关系已经稳定，三兄弟对今天的主题早有准备。因此，很快他们便分别与社工讲述了自己的想法和需求：①与母亲一起生活后，母子间沟通方式的改善，以及角色和生活形式的再适应；②阻断母亲反复提及事发时的场景，避免创伤的重复暴露；③人际交往能力和社会适应力的提升，以融入学校的学习环境，与同辈建立良好关系；④获取相关的课业辅导，提升学习能力。社工在听三兄弟讲出了自己的需求后，及时给予肯定，鼓励他们在以后的生活中也要像这样，去想自己想要什么、需要什么，然后勇敢地说出来。

此外，社工根据前期的走访评估，认为三兄弟当前除了他们自己所提到的上述需求外，在经济和人身安全方面也需要他人给予及时关注。因此，社工向三兄弟提出了自己的观察和想法，三兄弟表示认同。他们由于年龄小，对家中经济状况并不是很了解，也羞于向他人请求金钱上的帮助，所以社工根据客观情况决定向他们主动提出。而关于人身安全方面，三兄弟对母亲当前的精神状态和身体情况也没有足够的了解，他们从福利院出来后尚未经历过母亲发病时的场景，因此并没有意识到自己存在的安全隐患。然而，这种隐患不容忽视，因此社工决定向他们提供相关的情绪识别和应对技巧，提高他们的自我保护意识和自我保护能力。

　　基于此，社工与三兄弟就当前他们的迫切需求达成一致，并围绕这些需求，根据紧急与必要程度一起制定了介入计划。三兄弟愿意自己主动学习，并为了达到介入目标而努力在社工的协助下完成自己的"任务"。（详见服务计划）

　　备注及图示说明：本案服务对象是三兄弟，在描绘三兄弟的家庭生态系统图时，将所有的关系线落在大圆上，圆内是三兄弟的家庭结构图。

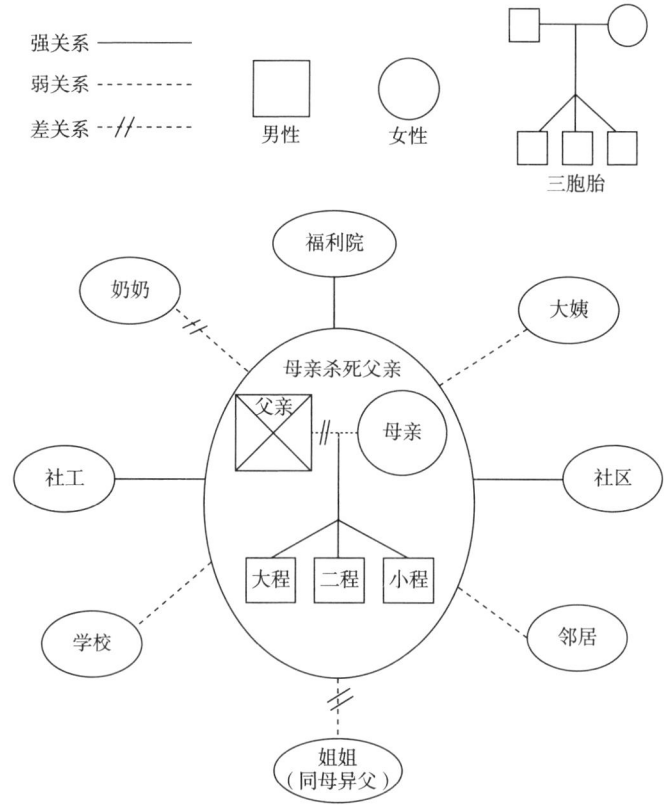

图4-4 "程家三兄弟"家庭生态图

阶段二：正式介入 挑战任务

第一阶段的顺利开展，保障社工知晓了三兄弟的切实需求，并及时制定精准化的介入方案。在接下来的时间里，社工将按照上述介入计划展开具体的服务。整个介入计划在任务中心模式下展开，由三兄弟在社工的协助下完成"任务"，以期实现介入的最终目的。值得一提的是，由于本案选定"三兄弟"作为我们的服务对象，因此在介入过程中，始终可以成小组进行活动。在需要母亲参与的介入活动中，社工都会邀请心理方面的专家事前为母亲进行情绪状态和精神状态的评估，以保证母亲参与活动的切实效果。

1. 帮助"程家三兄弟"及时获得相关部门的经济救助

获得经济救助，是三兄弟的外在指向需求。该需求的实现，需要社工充分发挥资源筹措者的角色。通过网上查阅，联络相关政府部门等方式，了解有关于申请"低保"救助的基本条件和相关流程，协助三兄弟及其母亲准备申请材料，并按程序依法递交申请材料，等待申请结果的通知。在这一服务过程中，主要是社工发挥主导作用，三兄弟及其母亲在社工的引领下知晓相关办事流程。最终，历时 2 个月左右，三兄弟的低保救助金顺利申请下来，这为他们的学习和成长提供了一定的经济保障。

2. 协助"程家三兄弟"树立自我保护意识，掌握识别母亲情绪状态的基本知识和自我保护的相关技巧，提升自我保护能力

自我保护意识和自我保护能力的提升是一个长期的过程。该目标的逐步实现，主要借助"情绪识别"的主题分享和"自我保护技能"的小组训练，共分 3 次完成。

由于三兄弟的母亲是精神疾病患者，社工在针对此目标开展的活动中，链接相关的心理专家，提前与心理专家沟通好具

体情况：三兄弟的年龄、性格；母亲的年龄、特点；家庭基本情况等。由心理专家参与具体介入方案的设计和实施，以参与式教学的方式，让三兄弟在体验活动中掌握情绪自我识别的能力，进一步知晓如何识别母亲的特殊情绪，如突然哆嗦不停、身体发抖、声音变大等，让三兄弟学会提前预估母亲的精神状态，以做好预防保护的准备。接着，社工通过情境演练的方式，讲述如何在有限的空间内，学会借助家具等物体进行自我防卫，熟记110、120、119等紧急救助电话，快速有效地说出自己的位置、需求。

在此过程中，社工主要扮演资源链接者、使能者和教育者的角色。链接相关心理专家，讲述自我保护的必备常识，从而提升三兄弟的自我保护意识和技能。

3. 改善"程家三兄弟"母子间沟通方式，阻断母亲反复提及事发时的场景，避免三兄弟的创伤重复暴露，以促进三兄弟家庭角色和生活方式的再适应

"程家三兄弟"与其母亲时隔八年重新生活在一起，母子之间尚未形成良好的沟通交流方式。通过社工的前期观察和三兄弟的描述，母亲尚未掌握家庭照顾技巧。同时，由于母亲患有精神疾病，时常会在三兄弟面前反复提及当年事发的场景，这为三兄弟埋下心理隐患。因此，家庭心理健康教育是他们目前急需的。

所谓家庭心理健康教育，是"将家庭教育、技能训练和社会支持等方式综合一体的服务活动。它最初运用于精神疾病患者的家庭，要求社会工作者为家庭成员提供专门的教育，让家庭成员掌握有关问题的必要知识，并且对家庭成员进行沟通技能和问题解决技能等方面的训练，改善家庭成员之间以及与社

区之间的沟通交流"。[1]基于此,为实现"程家三兄弟"母子间沟通方式的改善,促进三兄弟对当前家庭角色和生活方式的再适应,社工主要为他们开展亲子沟通技能训练和家庭照顾技巧训练。

鉴于三兄弟的特殊家庭背景,亲子沟通技能训练主要侧重于对三兄弟进行沟通技巧的培训,让他们结合母亲的生活习性,巧妙地向母亲表达自己的合理需求;同时邀请母亲参与到亲子沟通技巧的培训中。在家庭照顾技巧的训练中,主要侧重于向母亲讲述如何面对家中青春期早期的孩子,了解这一年龄段孩子的身心特点及他们的需求。通过3次家庭心理健康教育活动,据三兄弟反馈,母子间的沟通逐渐有所改善,但仍需他们结合所学技巧在日常生活中根据不同情况灵活调整运用。

4. 提升"程家三兄弟"的人际交往能力和社会适应力,以融入学校的学习环境,与同辈建立良好关系

在家庭心理健康教育的开展过程中,三兄弟已经接受过如何与母亲进行沟通的技能培训。因此,在此基础上,社工进一步为三兄弟开展如何与同辈群体进行沟通的技巧训练。学校的同学与母亲不一样,他们同是处于青春期的孩子。因此,社工邀请三兄弟参加社区举办的"沟通有技巧"同辈沟通技巧小组,让他们在活动中提升与同辈群体交流互动的能力。

"互相了解、欣赏、倾听、分享……"是同辈间建立良好关系的催化剂。一次次小组主题游戏——"优点大轰炸""我们眼中的你"和"人生七彩带"的开展,让三兄弟在活动中逐步与其他小伙伴打成一片。他们从一开始的羞涩内敛,逐步走

---

[1] 化学工业出版社组织编写:《社会工作实务(中级)》,化学工业出版社2013年版,第280页。

向主动分享。社工在每次活动结束后，都会及时与三兄弟单独展开活动交流感受，引导三兄弟看到自己每次的成长和变化。同时，倾听三兄弟讲述在校的故事，与三兄弟一起商讨如何化解当前的人际困境，鼓励他们主动交流，坚信自身的优点，礼貌待人。

5. 链接相关课业辅导的资源，提升"程家三兄弟"的学习能力和学习水平

在开展上述一系列服务的同时，社工根据"程家三兄弟"的学习状况，为他们链接了中华女子学院的大学生志愿者，由她们每周在社区社会工作服务站为三兄弟进行 2 小时的课业辅导。同时，社工积极搜集了网上的一些免费课程，分享给三兄弟，教给他们如何利用网络在线学习。这些课业辅导资源的整合，为三兄弟的学习带去助力，当前他们的学习能力正在逐步提升。

阶段三：成果巩固　关系结束

为期两个月的服务很快接近尾声。2019 年 9 月底，社工与三兄弟进行了最后一次的个案辅导，与他们一起回顾这两个月里他们所取得的成果和作出的改变，处理三兄弟与社工的分离情绪，以顺利结束关系。

在这两个月里，通过社工与三兄弟的配合，他们的低保申请成功了。同时，三兄弟在社工开展的系列活动中，通过自己的努力掌握了情绪识别的基本方法，尤其是识别母亲的不良情绪，并牢牢记住了如何在有限的空间里借助其他物体进行自我防护的技能，熟知 110、120、119 等紧急求助方式。此外，三兄弟在"沟通有技巧"同辈沟通技巧小组中，收获了几个小伙伴，懂得了与伙伴之间倾听与分享。据三兄弟讲，现在当母亲重复提起一个话题的时候，经三兄弟指出，母亲也会注意克制

一下。当前，三兄弟与母亲在家的相处较为融洽，母亲想要去找一些保洁的工作，以增加家庭的收入。大学生志愿者还在如期对三兄弟进行课业辅导，三兄弟很愿意好好学下去。

然而，除了上述一些改变之外，我们也要看到，当前三兄弟的学习成绩距同级学生来讲，仍有一定的差距；他们与在校同学之间的关系稍有缓和，但仍未建立亲密的朋友关系；他们母亲的情绪隐患尚未完全消除。社工在两个月里只是为他们目前所需的各种能力埋下成长的种子，后续仍需三兄弟的努力。

三兄弟在与社工的共同回顾中，看到了自己通过努力完成的各项"任务"，也看到了自己在未来仍需努力的方向。社工在最后与三兄弟共同完成了"愿望树"，将彼此的祝福与关爱留在了"愿望树"上，也都记在了彼此的心里，顺利结束本次服务关系。

（七）服务成效

	介入计划	介入结果	备注
目的	帮助"程家三兄弟"提高新环境的适应能力，改善三兄弟的生存环境，保障三兄弟的基本生存和人身安全，激发三兄弟的发展动力。	已完成	成功申请低保救助；链接课业辅导资源；相关基本技能训练。
目标	1. 帮助"程家三兄弟"及时获得相关部门的经济救助；	已完成	"低保救助"
	2. 协助"程家三兄弟"树立自我保护意识，掌握识别母亲情绪状态的基本知识和自我保护的相关技巧，提升自我保护能力；	已完成	"情绪识别""自我保护技能"

	介入计划	介入结果	备注
目标	3. 改善"程家三兄弟"母子间沟通方式的改善，以及角色和生活形式的再适应；	已完成	家庭心理健康教育："亲子沟通技巧""家庭照顾技巧"
	4. 阻断母亲反复提及事发时的场景，避免三兄弟的创伤重复暴露；	已完成	
	5. 提升"程家三兄弟"的人际交往能力和社会适应力，以融入学校的学习环境，与同辈建立良好关系；	已完成	"同辈沟通技巧小组"
	6. 链接相关课业辅导的资源，提升"程家三兄弟"的学习能力和学习水平。	已完成	"大学生周末辅导""网上免费教育资源"

（八）个案反思

"程家三兄弟"的案例比较复杂，当前的介入只是在遵从马斯洛需求层次理论的基础上，对他们的生存和安全需求给予了及时的介入，在力所能及的基础上，链接了教育资源，给予一定的学业支持，为其发展需求作了一定铺垫。然而，该案例中，三兄弟的母亲患有精神疾病；同时他们亲眼目的了母亲杀害父亲的全过程；而且在他们的成长过程中，6岁之前曾经历酒精依赖的父亲家暴母亲，6岁~14岁在福利院度过，受到过同伴的欺负，14岁之后重新回到母亲身边，此时家庭结构早已破裂。因此，三兄弟的需求远不止我们上述介入过的那些。只是，在当前现实的客观条件面前，结合我们自身的团队实力，在2个月内所能做的仅此而已。

服务结束后，几位社工再次分析这三兄弟也许未来仍会需要的服务。母亲弑父就发生在自己的面前，这种特殊经历造成的心理冲击可想而知，然而事情距离我们知晓他们三兄弟的存在时已经过去 8 年。在这 8 年间，他们已经形成了自己的创伤应对方式，且目前看来较为稳定，未发生明显创伤后障碍。但不可忽视的是，三兄弟有着较为隐蔽的口吃表现。在心理学中，婴儿时由于人尚未掌握表达的能力，因此他们只能借助牙齿表达自己的"要"或"不要"，牙齿便代表着攻击，也寓意着自我保护。在 1 岁半左右开始的语言发展期，语言便代替了牙齿，孩童开始借助语言来进行自我表达。三兄弟的口吃虽然不太明显，但接触时间长了仍会被人察觉。在本次服务开展过程中，社工几次想要问及"口吃"的问题，但最终选择不去触及。一是提及此话题，也许会让三兄弟比较尴尬，此时他们需要的更多是鼓励和肯定；二是因为尚不清楚他们何时开始口吃的，是受小时候父母关系的紧张影响？还是与 6 岁时目睹母亲弑父有关？亦或是在福利院被同伴欺负所造成的？三是倘若触及这一话题，必然会牵出之前的创伤经历，而社工当前尚未有足够的心理学能力做支撑，也没有充足的时间可以去做长期的心理创伤治疗。基于此，本次服务并未触及此问题。若有机会继续为三兄弟开展服务，这是需要关注的问题。

此外，还需要指出的是，程家三兄弟在成长过程中，始终面临着分离挑战。在他们 6 岁时，由于母亲将父亲杀害并入狱，因此他们不得不同时面对与父亲的死别和与母亲的生离，进入福利院；14 岁时，随着母亲的出狱，他们与福利院分离，重新回到家中；进入新的学习环境，认识新的小伙伴，与原来的环境和伙伴分离；现在他们虽然即将融入新环境，但由于升学原因，三兄弟不得不在一年内再次面临与学校、老师、同学的分离，进入初中……如此看来，他们自 6 岁起，不断地接受着分离挑战，值得庆幸的是，三兄弟本身就是一个小团体，他们无论在各种分离挑战下，都是三个人一起去面对和承担的。在生物学的角度看来，三胞胎无论是同卵双生或异卵双生，本身就比普通的亲兄弟姐妹间存在着更多的同质性。某种意义上，三兄弟在成长过程中，面对对方就像是面对自己的另一面。在本案中，有意思的是，三兄弟刚好形成不同的性格。据社工观察，大程的性格更加柔和，平日里心思更加细腻，如在讲述与妈妈之间的关系时，大程表示"我长大了也不要和妈妈分开，我会永远陪着妈妈……"；而二程则表现得更加独立，遇事坚持自己的主见，也敢于表达自己的想法，同样在讲述与妈妈之间的关系时，他的表达是这样的："她整天说这些事情，我不想听，我要赶紧长大，自己买房子出去住……"；而小程则既不像大哥那样心思细腻，也不像二哥那样遇事果断，他更像是一个孩子，处在自己的世界，面对同一话题，他只是自己玩自己的，并不想参与进来。用萨提亚的家庭雕塑理论来讲，大程更偏向讨好型，二程则是指责型，小程更像打岔型。结合他们的成长历程来看，并不难理解。因为他们始终作为一个整体在面临着新旧环境的不断更迭，无论是与亲人还是与同伴。频繁的分离，导致三兄弟融入新环境的主动性并不高，他们习惯了彼此间相互支撑，在这种整体性的支撑下形成了不同的人格面相，来弥补彼此对某一情感的需要。某种意义上来说，这算是他们坎坷成长经历中的一种幸运。然而，值得注意的是，未来一年内的小升初，很有可能会打破三兄弟的整体性，他们也许会被分到不同的班级甚至是不同的学校。这种整体内部的分离是三兄弟从未面对过的，即每个人作为单独的个体去面对新环境的适应挑战。同时，三兄弟此时正处于青春期，根据埃里克森人生八阶段理论，青春期的孩子正面临着自我认同的挑战，他们在生活中不断建立巩固自我，从而完成自我认同。那么，倘若条件允许，我们社工在接下来的介入服务中，协助他们完成分离挑战并实现自我认同将是最重要的主题。

二、案例评析

（一）服务评估

由于本案是经北京市某区民政局相关科室的转介而来，因此，社工在得知"程家三兄弟"的情况后，及时获取相关部门的档案资料，并进行社区、学校的走访，从外围入手勾勒出整体情况图。在正式接触三兄弟之前，认真梳理了上述相关资料，为与三兄弟成功建立关系打下坚实的基础。

在正式服务开始后，社工本着尊重、平等、接纳等基本原则，结合客观环境、条件，并结合自身专业水平，与三兄弟精准地确认了他们的服务需求，这为后续介入的有效性提供了方向保障。在与"任务中心模式"的结合下，社工制定了三兄弟为主体的介入计划和具体方案，并在介入过程中充分发挥社会工作者的资源链接者、服务提供者和使能者、教育者角色，协助案主主动顺利地完成了目标"任务"，并最终实现了整体目的。

（二）理论知识回顾

在针对"程家三兄弟"的服务过程中，从需求评估到介入服务，社工综合运用了"马斯洛需求层次理论""生态系统理论""增权赋能理论和优势视角"等基础理论，并借助"家庭生态图"和"家庭结构图"等常用工具，在"任务中心模式"的统合下成功介入，顺利结案。下面，我们就来具体回顾一下上述理论、视角及工具。

1. 马斯洛需求层次理论

需求层次理论是亚伯拉罕·马斯洛于1943年提出的，他将人们的需求从低到高依次分为生理需求、安全需求、情感和归属需求、尊重需求和自我实现需求。其中，生理需求即生存需求，是一个人最基本的需求。只有满足了生存和安全，才能逐步实现人生中的其他发展性需求。

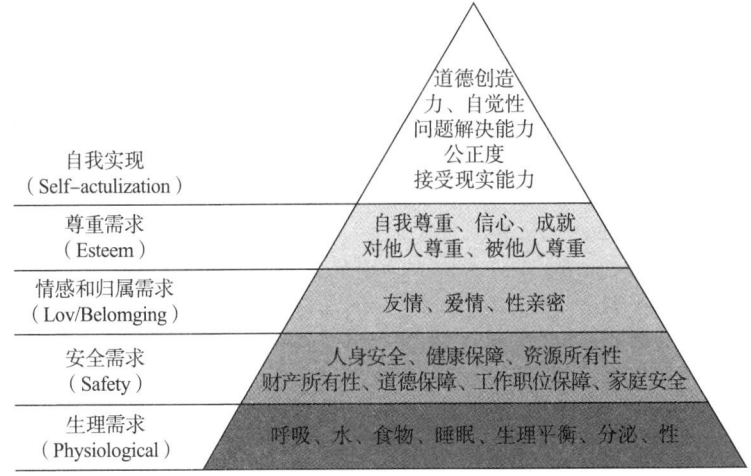

图4-5　马斯洛需求层次理论（Maslow's hierarchy
of needs）1943年版

　　该理论在社会工作实务中，主要用于对案主的需求评估。社会工作的介入向来"以需求为导向"，需求的精准评估是保证社工介入有效性的关键。在面对案主的众多需求时，就需要利用该理论进行排序。以"程家三兄弟"为例，我们可以发现，三兄弟既有获得经济援助的需求，也有面对患有精神疾病的母亲时自我保护的需求，同时还有改善母子间沟通方式的需求，学习能力提升的需求和未来处理心理创伤的需求等。这些需求同时摆在社工面前时，就需要社工根据需求的必要性和紧急性进行迅速排序，逐步设计相应的介入方案。这时候，就可以根据马斯洛提出的需求层次理论来将三兄弟的上述需求进行分类，首先满足他们的生存和安全需求，其次在力所能及的范围内，协助他们展开发展性活动。

2. 生态系统理论

生态系统理论（Ecosystems Theory），又称为社会生态系统论（Social Ecosystems Theory）。"它把人类成长生存于其中的社会环境（如家庭、机构、群体、社区等）看作一种社会性的生态系统，强调生态环境（即人的生存环境）对于分析和理解人类行为的重要性，注重人与环境间各系统的互相作用及这种互相作用对人类行为的重大影响。"[1]在对"程家三兄弟"的案例进行分析时，社工主要借助该理论视角，注重对"程家三兄弟"所处的各个系统的走访了解，力图寻找导致三兄弟处于目前境地的相关因素，并在此基础上商讨适当的介入策略。这就要求我们在开展高风险青少年的个案介入时，扩大观察个体案主的视野，把握系统中各要素之间的互相作用方式。通过对案主所处系统不同层面的介入，协助案主重建系统，协助案主利用系统所呈现出的优势，适当调整系统状况，让案主更加适应。在实务工作开展过程中，社工通常会在该理论视角的指导下，通过绘制"家庭生态图"和"家庭结构图"来展示案主所处各系统间的关系。

3. 家庭生态图和家庭结构图

家庭生态图"可以展示案主的社会生活全貌，呈现案主个体与家庭的内部关联，以及个人的社会系统与外在世界间关系的消长。它可以帮助社会工作者了解案主和其他系统之间的互动，包括资源的交换、系统关系的本质、系统界限的渗透性，

---

〔1〕　库少雄主编：《人类行为与社会环境》，华中科技大学出版社 2014 年版，第 21 页。

以及和社会服务系统及其他支持系统的关联等，从而找到解决案主问题的助力和阻力"。[1]

以"程家三兄弟"为例。在需求评估阶段，社工深入三兄弟所生活的家庭和社区，同时及时与学校老师进行沟通，掌握当前政府相关部门对三兄弟的相关档案信息。结合三兄弟自身的阐述与表现，将上述情况借用"家庭生态图"对他们的个人系统和环境因素进行了剖析。（详见图4-4）在生态图中，最核心的是案主的家庭系统，社工会用"家庭结构图"将其画在中间的圆圈内，其他有意义且与案主有关的社会系统也会用圆圈表示，分别放在家庭圆圈的周围，各系统之间的关系特征则会选择不同样式的线条表示。下面，我们就来具体了解一些相关的图例。

家庭生态关系图例：

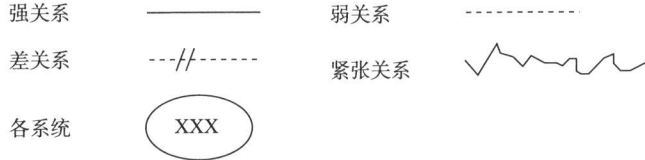

家庭结构图则主要是借助不同的图形来表示家庭的结构、家庭成员之间的关系以及家庭的一些重要事件等。它可以帮助社会工作者迅速、形象地了解和掌握案主的原生家庭状况。家庭结构图的绘制需要遵循以下三项基本原则："长辈在上，晚辈在下；同辈关系中，年长的在左，年幼的在右；夫妻关系中，男的在左，女的在右。"[2]

---

〔1〕 库少雄主编：《人类行为与社会环境》，华中科技大学出版社2014年版，第24页。

〔2〕 化学工业出版社组织编写：《社会工作实务（中级）》，化学工业出版社2013年版，第286页。

家庭结构关系图例:

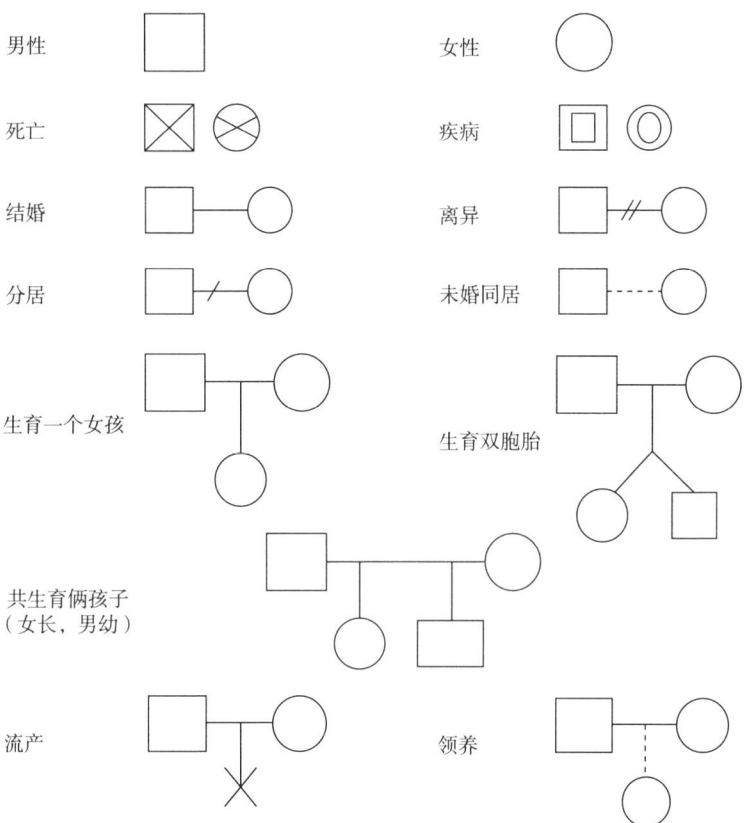

男性	□	女性	○
死亡	⊠ ⊗	疾病	▣ ◉
结婚	□—○	离异	□⫽○
分居	□/○	未婚同居	□┄○
生育一个女孩		生育双胞胎	
共生育俩孩子（女长，男幼）			
流产		领养	

　　在社会工作的实务过程中，社工通过与案主一同绘制"家庭生态图"和"家庭结构图"，"可以为案主提供一个全新的视角去认识自己及所处的环境，在预估案主的环境因素方面是非常实用的工具"。[1]

　　〔1〕 朱眉华、文军主编：《社会工作实务手册》，社会科学文献出版社 2006 年版，第 51~53 页。

4. 增能理论及优势视角

增能理论和优势视角同属于社会建构主义取向的社会工作模式，它们不再主要着眼于案主当前的问题和障碍，而是试图从当前的环境中关注案主的优势、能动性，从而以此为出发点协助案主改变当前的境遇。

增能理论，是巴巴拉·索罗门在 1976 年出版的《黑人的增能：被压迫社区里的社会工作》中首次提出的概念，主要指社会工作者协助一些受社会歧视的群体，对抗产生不公平待遇和压迫的外在环境和社会结构，以帮助他们降低无权感，增强其能力和权力的过程。该理论认为，每个人都是有能力、有价值的，只是由于外界的负向评价、负面经验和自身的无效行动，导致个体产生无力感。个体可以通过与他人的有效互动，不断增强自己的能力，即完成"增能"。这里的"增能"，主要体现在三个层面：个人层面、人际关系层面和环境层面。在社会工作具体介入过程中，要注意引导案主意识到自己是改变自己现状的主导者，社工只是他们做出现状改变路途上的陪伴者和支持者；同时，要让他们了解到某些能力与知识是可以通过接受培训获得并提升的，从而让案主相信其生活中的无力感是可以改变的。

优势视角，是由美国堪萨斯大学社会福利学院教授 Dennis Saleebey 在《优势视角：社会工作实践新模式》一书中首次提出的。他指出"优势视角取向的实践意味着：作为社工所应该做的一切，在某种程度上要立足于发现和寻求、探索和利用案主的优势和资源，协助他们达到自己的目标，实现他们的梦想，并面对他们生命中的挫折和不幸、抗拒社会主流的控制"。[1]优势

---

〔1〕 ［美］Dennis Saleebey：《优势视角：社会工作实践新模式》，杜立婕、袁园译，华东理工大学出版社 2004 年版，第 4 页。

视角始终强调人的潜能和优势，认为案主个体、家庭和社区等环境中都充满了资源，对案主当前所面临问题的解构和建构都有其独特的优势。社工在介入具体案例时，借助优势视角与案主进行互动，可以不断地增强案主的自信心。

增能理论和优势视角由于理论流派相同，在实务开展过程中经常会一起使用。在"程家三兄弟"的案例中，社工便是基于增能理论和优势视角，结合任务中心模式，全程扮演三兄弟成长的陪伴者、资源的链接者和情感的支持者等角色。社工在实际介入过程中，激发三兄弟的个体积极性与主动性，与三兄弟一起制定介入目的和目标，共同探索他们的自身潜能和优势，以完成介入目标，最终实现介入目的。

5. 埃里克森人生八阶段理论

美国心理学家埃里克森认为，每个个体在成长中都要完成自身生理欲望和社会文化期待的统合发展。具体来讲，个体在成长过程中将会经历八个阶段的心理社会演变，这种演变即心理社会发展（psycho-social development）。具体来讲，这些阶段包括四个童年阶段（婴儿期、儿童期、学龄初期、学龄期）、一个青春期阶段和三个成年阶段（成年早期、成年期、成熟期）。每一个阶段都有属于这些阶段应完成的特殊任务，并且各个阶段都建立在前一阶段之上紧密相连。

0~1.5 岁属于婴儿期，这一时期的个体已经有自己的意识，他们在与父母的互动过程中面临着基本信任与不信任心理冲突的挑战，父母此时与孩子的互动尤为重要。1.5~3 岁属于儿童期，这一时期的个体已经掌握了基本的行为技能，如爬、坐、走、说话等，他们也逐渐意识到自己想要什么，不想要什么，开始有了自己的选择意识。此时，他们在与父母的互动中，面临着自主与怀疑的冲突，父母在此时对孩子的教育方式和内容，将会奠定未来孩子的规则意识。3～6岁，个体已经开始明显地表现出对外探索的主动性，他们开始将好奇付诸行动。此时他们将会在父母对他们行为的反应中，完成主动与内疚的冲突挑战。倘若父母对他们的行为给予鼓励，将会增加他们的主动性；倘若父母对他们的行为进行制止与批评，他们将会形成对类似行为的内疚感。当他们做某一行为时体验到主动感超过内疚感，便会形成目的性。6～12岁，他们已经开始接受系统的学校教育，处于同辈竞争的环境中。在这一时期，他们将会逐渐体验到自己的行为与结果之间的关系。完成学业任务的个体更能体会到成功的感觉，而这种感觉将会进一步激发他们的努力，即勤奋。而不能完成任务则会产生失落，进一步有自卑的感觉。因此，在这一阶段，他们面临着勤奋与自卑的冲突。12～18岁，个体处于青春期。这一时期，是个体成长的关键期，他们将会在生活中体会到更多本能与社会规范之间的冲突。他们处在追求自我独立性和获得他人认可的激烈冲突中。一方面，随着生理发育，他们不断感受到自己的能力，相信自己可以做到自己想做的事情；另一方面，社会规范又在束缚着他们。因此，这一阶段的个体内在冲突最为激烈，他们在内在体验与外在约束中不断地调整自我角色，并最终顺利完成自我同一性的任务。因此，这一阶段，个体处于自我同一性和角色混乱冲突的挑战中，完成挑战，则会获得埃里克森所说的"忠诚"。18～25岁，他们处于成年早期，拥有稳定自我同一性的个体开始追求与他人的关系建立，尤其是要完成亲密关系的挑战：恋爱、结婚。在这一过程中体会亲密与孤独的冲突，收获"奉献"的品质。25～50岁，个体处于成年期，他们开始经历生育和工作。这一时期的个体除了要完成生养下一代的任务之外，还要兼顾他们追求并实现工作理想的任务。因此，在这一阶段他们面临着生育与对自我关注的冲突，伴随着这一冲突挑战的完成，个体将逐渐形成"关系和创造力"的品质。50 岁之后，个体处于成熟期。他们开始回归自我关注，回顾自我的过去，完成自我调整。同时，随着身体的衰老与每况愈下，他们开始体验到绝望。当个体在自我调整与绝望的冲突中，逐渐完成自我调整超过绝望感时，他们便获得了"智慧"的品质，埃里克森把它定义为："以超然的态度对待生活和死亡"。

由此看来，在埃里克森的观点中，每一阶段的个体都面临着特殊的核心任务。在完成这些挑战的同时，也将会收获不同的品质，从而逐渐实现个体的健全人格。当某一阶段的任务挑战出现困境时，个体便会呈现出这样或那样的现实问题。

埃里克森人生八阶段理论				
年龄（岁）	阶段	任务或挑战	未完成（呈现问题）	完成（形成品质）
0 ~ 1.5	婴儿期	基本信任与基本不信任	缺乏安全感与对他人的信任	信任、希望
1.5 ~ 3	儿童早期	自主与怀疑（羞愧）	缺乏自我约束力	规则、意志力
3 ~ 6	学前期	主动与内疚	缺乏主动性与积极性	目的
6 ~ 12	学龄期	勤奋与自卑	缺乏自信与动力	能力
12 ~ 18	青春期	自我同一性与角色混乱	挑战或对抗社会规则，容易出现不良行为	忠诚
18 ~ 25	成年早期	亲密与孤独	缺乏对他人的关心和关爱	爱、奉献
25 ~ 50	成年期	生育与自我关注	只关注于自我，不考虑他人	关心、创造力

埃里克森人生八阶段理论				
年龄 (岁)	阶段	任务或挑战	未完成 (呈现问题)	完成 (形成品质)
50 ~	成熟期	自我调整与绝望	对自我人生的失落与不满	智慧

第四节　小结

本章就"高风险青少年"的概念类型、问题需求及实务经验进行了详细阐述，并借助"程家三兄弟"的案例，对个案的介入过程进行了详细的展示。在对本案例的服务评估和介入理论回顾的梳理过程中，我们可以进一步理解：高风险青少年主要指因家庭、经济、社会亚文化等外在因素，成为相对弱势的青少年群体，如高风险家庭青少年、留守儿童、孤儿（含事实孤儿）、流浪乞讨青少年和失学失业青少年等。

社会工作在介入高风险青少年的过程中，主要借助社会生态系统理论，从各个垂直系统中寻找案主处理当前问题的潜能和优势；对案主开展精确化、系统化的需求评估，并在此基础上进行各个系统层面的资源链接和统合，协助案主制定切合实际的介入目的和介入目标。在介入过程中，社会工作者要充分尊重案主自决，用"接纳、平等、真诚"的专业态度协助案主制定介入目的与介入目标，通过个案辅导、小组参与等形式，不断增强案主的环境适应能力、挫折应对能力和获取社会支持的能力，最终达成介入目的，实现"助人自助"。

第五章　高挑战青少年

第一节　高挑战青少年与心理危机

所谓"挑战"，在《现代汉语词典》里有三种释义。一指激怒敌人出来打仗；二指刺激对方出来和自己较量；三指鼓动对方和自己竞赛。在不同的语境中，挑战既可作为名词表示一种紧张对峙的外部形势，也可作为动词指代一种对抗外界或者自身、改变现有状态的行动。从心理学的视角进行解读，挑战既涉及个体与外界对抗性的、竞争性的人际互动过程，也涉及个体自身感受到的压迫性的、冲突性的心理紧张状态，是个体面临外界变化所产生的心理调试过程以及相应的应对姿态，是个体适应社会的方式。从程度上划分，挑战可以分为一般性挑战和高强度挑战。在本书第一章中，我们提出了高挑战青少年的概念，试图将青少年在成长过程中遭遇到的某些特殊经历从成长性、阶段性经历中筛选出来，并关注其在此类高挑战情境中的身心创伤，从心理性困境层面增加对困境青少年生存境遇的理解和介入。

美国精神病学家、发展心理学家爱利克·埃里克森的"心理社会发展理论"对个体所需要经历的一般性挑战进行了很好的诠释。在心理社会发展理论中，埃里克森对个体在适应社会变化中所产生的心理应对和社会互动过程进行了系统的解释。他将个体毕生发展的阶段性社会适应要求，即"危机"[1]（可理解为成长挑战）分为8个阶段，并提出了个体应对8个阶段所需具备的心理能力，个体能否根据阶段性挑战发展出相应的心理应对能力是个体获得自我发展和社会适应的关键。由此可见，面临一般性挑战或者成长性危机是个体生存以及发展的常态，是个体心理与社会环境彼此影响、交互推动的过程。其积极结果从心理层面来看是个体获得自我力量，发展出相应的"美德"，从社会层面来看是个体与外界的适应性互动，发挥正常的社会功能；消极结果则是个体出现心理困扰而陷入"停滞"以及社会适应不良。

而高强度挑战是指当个体面对一些突发性、破坏性、灾难性的事件时，通常体验到更强烈的情绪波动和心理困扰，需要发展出更具适应性的心理调适能力和应对策略，以对抗来自外界的、个体无法预测也难以控制的各种复杂情境。高挑战既涉及个体面临的外在刺激是否超出了阶段性、普遍性、可预测性的范围，以及在多大程度上被社会和个人认知为应激性生活事件或者危机事件；也涉及个体是否具备和发展出应对危机事件的心理能力和适应方式，以及在多大程度上造成了个体的心理痛苦。前者是对事件性质的判断，后者是对个体心理危机状态的评估。

所谓应激性生活事件，是指在个体生活中突然遭受到急剧的、形成心理上强烈反响的重大事件。我国心理学家林崇德认为孩子的一切负性情绪及出格行为背后一定有更深层的原因，

---

〔1〕埃里克森认为，在心理发展的每一个阶段都存在一种"危机"（crisis），这里所说的危机并非是灾难性的事件，而是指发展中的一个重要转折点。

各种应激事件在儿童情绪障碍的发生中也起一定作用，如转学、父母离异、学习压力过大、被欺负等，严重时甚至能够导致心理异常，具有致病性。[1]

所谓心理危机，是指当事人的认知或体验，即将某一事件或生活境遇认知或体验远远超过自己当下资源及应对机制的无法忍受的困难。[2]青少年心理危机是指青少年在遇到危机事件时，由于自身的资源与应激机制不足以应对，而产生了心理痛苦。[3]美国心理学家 Kristi Kanel 提出了心理危机的 3 个要素，即：①发生危机事件；②危机个体感受到危机事件并因此痛苦；③以前解决问题时的方法对目前问题的解决无效，引起危机个体意识、行为和情感方面的功能失调。[4]

学者钱铭怡综合外在刺激事件（即危机事件）和内在心理反应（危机状态）两个层面提出了心理危机概念，即心理危机（crisis）有两个含义，一是指突发事件，出乎人们意料发生的，如地震、水灾、空难、疾病暴发、恐怖袭击、战争等；二是指人所处的紧急状态。当个体遭遇重大问题或变化发生使个体感到难以解决、难以把握时，平衡就会打破，正常的生活受到干扰，内心的紧张不断积蓄，继而出现无所适从甚至思维和行为的紊乱，进入一种失衡状态，这就是危机状态。同时她强调心理危机的个体差异性，危机出现是因为个体意识到某一事件和

---

〔1〕 林崇德、杨治良、黄希庭主编：《心理学大辞典》，上海教育出版社 2003 年版，第 12 页。

〔2〕 ［美］Richard K. James，Burl E. Gililand：《危机干预策略》，高申春等译，高等教育出版社 2009 年版。

〔3〕 刘杰瑞、董成文："生态系统理论下的青少年心理危机干预探析"，载《社会心理科学》2015 年第 7 期。

〔4〕 李建明、晏丽娟："国外心理危机干预研究"，载《中国健康心理学杂志》2011 年第 2 期。

情景超过了自己的应付能力，而不是个体经历的事件本身。[1]换句话说，相较于对于事件和情境的客观性评价，心理危机的判断标准更倾向于个体对于心理失调的主观感受和自我效能感衡量。

同时，国内外学者按照不同的分类标准（危机来源、危机情境持续状态、危机发生的早晚）将心理危机分成不同的种类。例如布鲁默按照刺激的来源将心理危机分成发展性危机、情境性危机和存在性危机[2]。其中，情境性危机是指由外部事件引起的心理危机，即出现罕见或超常事件，且个体无法预测和控制时出现的危机。如地震、火灾、洪水、海啸、龙卷风、疾病流行、空难、战争、恐怖事件等，因此情境性危机也被称为环境性危机或者适应性危机。相较于发展性危机以及存在性危机的普适性、一般性、可预测性，情境性危机因其随机性、突然性、意外性、震撼性、强烈性和灾难性，往往对个体或群体的心理造成巨大影响，也因此受到心理学家的重视。

卡颇兰（G. Caplan）根据危机产生的原因，进一步将情境性危机分为三类：①丧失一个或多个满足基本需要的资源。具体形式的丧失包括亲人亡故、失恋、分居、离婚、使人丧失活动能力的疾病、肢体完整性的丧失、被撤职、失业、财产丢失等；抽象形式的丧失包括丢面子、失去别人的爱、失去归属感、失去特定身份等。丧失引起的典型情绪反应是悲痛和失落。②存在丧失满足基本需要资源的可能性。比如得知自己有可能下岗、离退休等。③应付生活变化对个体原有能力提出更高的挑战。

---

〔1〕 钱铭怡编著：《心理咨询与心理治疗》，北京大学出版社1994年版。
〔2〕 刘杰瑞、董成文："生态系统理论下的青少年心理危机干预探析"，载《社会心理科学》2015年第7期。

常见的情况是本人地位、身份及社会角色的改变所提出的要求超过了个体原有的能力。例如，由中学升入大学的生活适应、毫无准备的职位升迁等。典型的情绪反应是焦虑、失控感和挫折感。

另外，心理危机具有一定的时限性和自愈性。心理学家认为心理危机状态持续时间通常为 4～6 周，短则几天，长则几个月。研究表明，在灾难性事件发生后，约有 70% 的灾难当事人可以在没有专业人员帮助的情况下自愈心理创伤；30% 的当事人或多或少会产生一定程度的心理问题，在灾后表现出如焦虑、抑郁、躯体形式障碍、进食障碍、睡眠障碍、酒精依赖和药物依赖等。临床上一般将在经历危机事件一定时间后（通常为 3 个月）个体延迟出现（3 个月后）或者持续出现的心理不适状态视为心理创伤。DSM－Ⅳ 根据心理创伤或者症状出现的时间以及严重程度将创伤后应激障碍（PTSD）细分为急性型（从事件发生后到 3 个月以内）、慢性型（从事件发生后的 3 个月～6 个月内）以及迟发性（从事件发生后 6 个月以上）。

因此，鉴于引发心理危机事件的多样性、危机状态的个体差异性、危机应对的发展性和自愈性，结合本研究所涉及的高挑战青少年社会工作实务探索经验，社工将遭受家庭虐待（家庭成员的情感虐待、躯体虐待、性虐待以及儿童忽视）、家庭外虐待（校园霸凌、老师体罚、遭受性侵等）以及重病伤残这三大类情境性危机事件认定为高挑战青少年的客观评定标准，将身处或者经历过高挑战情境而造成个体心理失调、产生心理痛苦甚至引发心理创伤的主观感受作为主观评定标准，即同时符合主客观标准的青少年纳入高挑战青少年社会救助范围，透过对高挑战青少年案主以及家庭开展系统评估、心理危机干预以及个案介入，缓解案主心理不适应状态，增强个人以及系统的应对能力，修复案主社会功能，促进案主创伤自愈和自我认同。

第二节　高挑战青少年的心理性困境以及需求分析

所谓高挑战青少年，即指因遭遇特殊境遇、紧急事件与伤害侵犯等挑战，出现心理适应不良、情绪与情感困扰甚至身心障碍的青少年群体。具体来说，高挑战青少年主要包含各种形式受人虐待以及特殊儿童群体。

一、高挑战青少年心理性困境

从上图可以看出，高挑战青少年面临的高挑战事件既包括来自环境层面即家人、熟人、同伴或者陌生人不同程度的虐待伤害事件，也涵盖来自于生理层面的某种丧失，即重病伤残所导致的暂时性或者终生性的生理缺陷和心智不健全。而这些虐待伤害事件以及生理丧失不仅给青少年的健康、生存、生长发育及尊严造成实际的、外在的、躯体上的伤害，更让原本处于"暴风骤雨"期的青少年遭受潜在的、额外的心理危机状态，甚至造成延迟的、终生性的心理创伤。综合梳理遭受儿童虐待、重病、重伤以及残疾儿童的心理健康状态以及社会适应程度等相关研究发现，高挑战青少年面临的心理性困境至少包括三个方面：

1. *情绪以及情感困扰，其中以抑郁情绪、抑郁心境最为典型*

陈晶琦等学者对儿童期遭受不同形式虐待经历的未成年人的心理健康状态进行了系列研究，结果显示儿童期有严重躯体情感虐待经历的学生，其躯体症状、强迫症状、人际关系敏感、抑郁、焦虑、敌对、恐怖、偏执等症状因子分≥1 的检出率明显高于无儿童期躯体情感虐待经历的学生。儿童期严重躯体情感虐待经历与大学生心理健康问题明显相关；[1]与没有儿童期性虐待经历的学生比较，有儿童期性虐待经历的学生抑郁情绪量表得分高；健康状况自我感觉评价得分低；[2]王淼、万国威等对天津市1458份实证样本数据进行分析发现，虐待对儿童造成了明显的心理创伤，遭受虐待后儿童的心理健康水平约下降0.2%~15.7%，多重虐待的心理创伤尤为严重，最高可达31.6%，且男童的心理创伤更为严重；[3]杨世昌等对大学生的儿童期躯体虐待经历以及其影响的研究结果发现，儿童期受虐大学生的抑郁情绪明显高于非受虐者；[4]李鹤展、张亚林等对210例抑郁症患者的儿童期受虐史进行调查发现，成年抑郁症患者儿童期受虐史的发生率为31.4%，较普通人群儿童期受虐史发生率（8.4%）高。其中，有儿童期虐待史的成人抑郁症患者中以女性多见，占75.76%（50/66）。从临床症状上来看，有儿童期受虐史的成人抑郁症患者的抑郁、焦虑症状较无儿童期受虐史患者为甚。此外，有儿童期受虐史的成人抑郁症患者还有较高的自杀倾向，并有较高的敌对性和易激越发怒等特点。[5]

〔1〕　陈晶琦："391名大学生儿童期躯体情感虐待经历及其对心理健康的影响"，载《中国校医》2005年第4期。

〔2〕　陈晶琦、韩萍、Michael P. Dunne："892名卫校女生儿童期性虐待经历及其对心理健康的影响"，载《中华儿科杂志》2004年第1期；陈晶琦、王兴文、Michael P. Dunne："239名高中男生儿童期性虐待调查"，载《中国心理卫生杂志》2003年第5期。

〔3〕　王淼、万国威："儿童虐待率、心理创伤及影响因素的性别差异研究——基于天津市的实证数据分析"，载《北京社会科学》2019年第8期。

〔4〕　杨世昌："大学生抑郁情绪与儿童期躯体虐待个性特征及应对方式"，载《中国学校卫生》2011年第8期。

〔5〕　李鹤展等："210例抑郁症患者儿童期受虐史调查及临床特征"，载《临床身疾病杂志》2006年第3期。

杨素华、冯年琴、林于萍、张颉等学者采用 SCL - 90、《心理健康诊断测验》《中学生心理健康综合测量》等量表对聋哑儿童、盲童、智力障碍儿童等特殊儿童的心理健康状况进行了调查研究。研究结果一致表明特殊儿童心理健康水平较低，并低于健全儿童；[1]左莹莹等学者采用抑郁量表简版（CES - D）对817 名听力残疾青少年、641 名其他残疾青少年（包括视力残疾、肢体残疾、言语残疾、多重残疾）和 894 名健全青少年的抑郁情绪进行调查，发现听力残疾青少年与其他残疾青少年的抑郁水平相当，均显著高于全国健全青少年；而父母关系好是听力残疾青少年抑郁情绪的保护因素。[2]

2. 应对不足以及适应不良，涉及未成年人本身、家长以及家庭系统各个层面

儿童期虐待可严重地干扰受害儿童的社会化过程和心理发育过程，对儿童的心理状况产生明显的不良影响。儿童由于心智的不成熟以及所处的弱势地位，对被虐待事件的评价通常是负性的、消极的和恐怖可怕的，并试图通过自责、幻想和退避等不成熟方式加以应对，以缓解或避免痛苦。研究发现，青少年的应对方式跟是否存在儿童期受虐经历以及受虐的严重程度相关，同时也呈现出性别差异。黄群明等对高中生的儿童受虐经历以及其影响的调查结果提示，儿童期经历的儿童虐待事件对高中生的应付方式有明显的负性影响。遭受更严重受虐经历的高中生更多地采用不成熟的应付方式，如自责、幻想和退避。男性高中生经历更严重的儿童期性虐待，比女生更多地采用不

〔1〕 李欣忆：“特殊儿童身份认同、自尊和心理健康的关系”，重庆师范大学2016 年硕士论文。
〔2〕 左莹莹：“听力残疾青少年的抑郁现状：多群体的比较分析”，载《中国特殊教育》2017 年第 2 期。

成熟的退避应付方式应付发生的事件；[1]杨世昌[2]、冀云[3]、陈晶琦[4]等对大学生的儿童期躯体虐待经历以及其影响的研究结果发现，儿童期受虐大学生较非受虐者更多采用消极的应对方式，与高中生样本的研究结果一致。

　　而对重病伤残未成年人应对方式以及适应状态的研究更多从家庭层面入手，考察作为重病伤残未成年人第一监护主体的父母的应激状况以及适应能力。在重病伤残未成年人父母的应激状态方面，学者采用 SCL-90 对脑瘫患儿[5]、孤独症儿童[6]、心理行为障碍儿童[7]、听力障碍儿童[8]等特殊儿童家长的心理健康状况进行调查，发现上述特殊儿童家长心理健康水平总体较差，在各因子的均分和总分上都显著高于全国常模；其中胡贝贝等的研究显示脑瘫儿童家长在焦虑、抑郁、敌对等方面问题较为严重。更有相关研究显示，超过 50% 的自闭症儿童的家长有中度以上心理问题，尤其是强迫、抑郁、焦虑、恐怖症状明

〔1〕　黄群明等："高中生应付方式与儿童期虐待的关系"，载《中国临床康复》2005 年第 20 期。

〔2〕　杨世昌等："大学生抑郁情绪与儿童期躯体虐待个性特征及应对方式"，载《中国学校卫生》2011 年第 8 期。

〔3〕　冀云："廊坊师范学院学生儿童期虐待与应对方式的关系"，载《中国学校卫生》2011 年第 8 期。

〔4〕　陈晶琦："391 名大学生儿童期躯体情感虐待经历及其对心理健康的影响"，载《中国校医》2005 年第 4 期。

〔5〕　胡贝贝等："脑性瘫痪患儿家长心理健康状况分析"，载《中国公共卫生》2017 年第 5 期。

〔6〕　熊妮娜等："孤独症儿童母亲的焦虑、抑郁及应对方式"，载《中国心理卫生杂志》2009 年第 11 期。

〔7〕　章金辉、王和勤："心理行为障碍儿童的家长心理健康状况调查"，载《健康心理学杂志》2000 年第 3 期。

〔8〕　赵志清、从容："听力障碍儿童母亲焦虑、抑郁情绪的调查及干预效果"，载《宁夏医学杂志》2013 年第 10 期。

显突出于普通儿童的家长监护者群体。[1]这与西方学者在遭受性侵儿童的父母身上发现的一系列"继发性心理创伤"反应现象一致：国外研究表明，得知孩子遭受性侵犯后，相当多的父母长期出现强烈的情绪困扰和明显的精神症状，包括排斥、愤怒、内疚、自责、抑郁、企图自杀、焦虑、强迫、躯体化、敌意、睡眠障碍等，水平显著高于一般群体。[2]

在父母对于孩子生理缺陷境遇的应对层面，学者侧重于考察由特殊境遇带来的亲职压力、婚姻关系以及家庭功能的变化及应对。学者们采用《亲职压力指标简表》对孤独症、智力残疾、听力残疾、视力残疾、脑瘫以及心理行为障碍等特殊儿童家长的亲职状况调查发现，特殊儿童家长的亲职压力明显高于正常儿童家长，[3]特殊儿童父母的亲职压力在儿童障碍类型、父母学历、就业状况、家庭月收入以及性别上存在显著差异。[4]其中，孤独症儿童家长感受到的亲职压力最大。[5]蒋娜娜采用《中国

---

〔1〕 冯秋燕："特殊儿童家长心理健康研究现状及展望"，载《荆楚学术》2019年7月。

〔2〕 龙迪：《性之耻，还是伤之痛——中国家外儿童性侵犯家庭经验探索性研究》，广西师范大学出版社2007年版，第39页。

〔3〕 何婷、江永强、蔺秀云："对立违抗障碍儿童与正常儿童父母亲职压力与抑郁症状的关系：三年追踪研究"，载《第二十一届全国心理学学术会议摘要集》2018年11月；苏艳丽等："儿童青少年精神障碍住院患者父母亲职压力研究"，载《临床医学研究与实践》2018年第21期。

〔4〕 关文军、颜廷睿、邓猛："残疾儿童家长亲职压力的特点及其与生活质量的关系：社会支持的中介作用"，载《心理发展与教育》2015年第4期；冯洁："特殊儿童父母亲职压力、亲职效能与心理健康的相关性——亲职压力的干预研究"，广州大学2019年硕士论文；黄海红："孤独症儿童父母自我同情与亲职压力的关系研究"，南昌大学2019年硕士论文；蒋娜娜："特殊儿童父母亲职压力、应对方式与婚姻质量的现状及关系研究"，重庆师范大学2018年硕士论文。

〔5〕 关文军、颜廷睿、邓猛："残疾儿童家长亲职压力的特点及其与生活质量的关系：社会支持的中介作用"，载《心理发展与教育》2015年第4期。

人婚姻质量问卷》对自闭症、智力障碍、脑瘫、听觉障碍、视觉障碍五类典型特殊儿童父母的婚姻质量进行了调查并进一步分析了婚姻质量与亲职压力、应对方式的相关关系。结果表明，特殊儿童父母的婚姻质量在儿童障碍类型、教育康复时间、父母年龄、家庭月收入、家庭类型、父母受教育程度上的差异显著；亲职压力（亲职愁苦）、消极应对具有负向预测婚姻质量的作用；积极应对具有正向预测婚姻质量的作用；夏微等采用《家庭环境量表》中文版（FES-CV）对孤独症儿童家庭环境状况进行比较评估发现，孤独症儿童家庭环境的亲密度、知识性、娱乐性3个因子得分均明显低于正常儿童家庭，而矛盾性因子得分高于正常儿童家庭；[1]陈瑜等采用《家庭功能量表》（FAD）对孤独症患儿家庭与正常儿童家庭功能进行比较评估发现，两组家长在情感介入、情感反应因子和总的功能上存在显著差异，孤独症患儿家庭的应激状况受到严重负面影响，家庭功能明显受损。[2]由此可见，遭受生理缺陷特殊境遇的未成年人的父母在未成年人照顾以及监护上面临更大的挑战和压力，重病伤残儿童的家长更容易出现抑郁、焦虑、婚姻关系紧张以及家庭适应不良等问题，进而导致整个家庭的不良应对以及对于特殊境遇未成年人特殊成长需求的支撑不足。

3. 个性发展以及社会融入受阻，陷入人格病态化、社会孤立化的局面

研究表明，虐待事件以及生理缺陷不仅打破个体以及家庭原有的平衡和应对，迫使个体以及家庭处于情绪、认知以及行

---

〔1〕 夏微等："孤独症患儿家庭环境及父母生存质量分析"，载《中国学校卫生》2010 年第 2 期。

〔2〕 陈瑜、裴涛、张宁："孤独症患儿家庭应激状况调查"，载《中国健康心理学杂志》2011 年第 12 期。

为层面的应激状态，更让遭受特殊境遇的个体以及家庭陷入人格发展病态化、身份认同受限以及社会孤立化、边缘化的局面。

王香玲等调查发现，童年期被虐待和忽视的心理影响与成年后的人格发展紧密相关，而且经常持续终生，影响到成年后的情绪与应付方式，进而影响生活方式、价值观，这可能是负性事件和儿童期创伤显著相关的原因之一；[1]柳娜、张亚林等通过回顾相关研究发现，儿童受虐作为儿童成长过程中典型而持续的负性事件，是人格障碍病因机制中的重要因素。[2]同时国外研究表明，受虐儿童人格障碍的发生率是正常儿童的4倍；[3]儿童期躯体虐待、性虐待和成人后的惊恐障碍、社交焦虑障碍、强迫障碍显著相关，受虐儿童存在多方面的行为问题、情绪问题和心理疾病问题，[4]进而影响受虐青少年的终身发展以及社会融入。

在重病伤残未成年人的个性发展层面，目前国内学者集中于对听障学生以及视障学生的自尊研究。研究结果发现，听障学生和视障学生的自尊水平都明显低于普通学生；[5]在社会融入层面，学者多从身份认同的角度对听觉障碍大学生的身份认

〔1〕 王香玲、高文斌："心理咨询师儿童期虐待和生活事件的调查"，载《中国临床心理学杂志》2007 年第 5 期。

〔2〕 柳娜、张亚林："儿童虐待与人格障碍"，载《中国临床心理学杂志》2009 年第 6 期。

〔3〕 杨世昌、张亚林："儿童虐待与精神卫生"，载《临床身心疾病杂志》2004 年第 4 期。

〔4〕 冀云："廊坊师范学院学生儿童期虐待与应对方式的关系"，载《中国学校卫生》2011 年第 8 期。

〔5〕 李欣忆："特殊儿童身份认同、自尊与心理健康的关系"，重庆师范大学2016 年硕士论文。

同感与自尊[1]、心理健康[2]、同伴关系[3]、学校适应[4]、社交焦虑[5]等方面的关系进行了研究，结果发现具有双文化认同倾向与自尊、心理健康、同伴关系以及学校适应等呈正相关，具有健听文化和聋人文化身份认同的听障学生在自我认知、人际交往以及群体融入层面适应较好。相反，单一文化认同或者边缘型（两者都不认同）认同倾向给听障学生的社会适应带来负面影响，从而影响听障学生的社会性发展和自我认同。同时，这种因身心不健全带来的社会性发展和自我认同的受限也直接影响特殊儿童家长的人格健全、生命质量以及社会适应。例如，夏微等采用WHO生存质量简表（WHOQOL–BREF）对孤独症儿童父母的生存质量调查发现，孤独症儿童父母的生存质量在生理、心理、社会关系、环境四个领域中都明显低于正常组父母[6]。同时，由于孤独症儿童表现出行为困难、认知损伤、沟通能力缺乏、社交技能缺乏等问题，使得患儿的父母连续不断地面临各种持续性的应激，进而影响他们的心理和社会适应。因此，学者将孤独症儿童父母称为"隐形的病患"[7]，并呼吁

---

[1] 胡雅梅："聋人大学生身份认同的研究"，辽宁师范大学2005年博士论文。

[2] 罗莎："听障生的身份认同及其与心理健康的关系"，杭州师范大学2011年硕士论文。

[3] 贺晓霞："聋大学生的自我认同与同伴关系研究"，重庆师范大学2012年硕士论文。

[4] 郭锡："听障大学生身份认同类型与其学校适应的关系研究"，西南大学2014年硕士论文。

[5] 谭千保等："聋生的身份认同及其与社交焦虑的关系"，载《中国临床心理学杂志》2010年第4期。

[6] 夏微等："孤独症患儿家庭环境及父母生存质量分析"，载《中国学校卫生》2010年第2期。

[7] 陈瑜、张宁、裴涛："国外孤独症儿童家庭应激研究现状"，载《中国特殊教育》2007年第10期。

从家长心理健康以及家庭功能层面给予家庭更多的关注和支持，通过促进家长心理健康水平以及家庭功能的优化为患病儿童提供长期、稳定、直接的环境支持和融入空间。

三、高挑战青少年需求分析

基于上述对于高挑战青少年的心理性困境的文献综述可以发现，高挑战青少年的成长需求可以从个体和家庭两个层面进行梳理。在个体层面，高挑战青少年需要：①应激状态的危机介入，以防止自伤、自残等极端行为以及危险境遇的发生，最大限度保障个体的生命安全；②负性情绪的心理疏导，提供情感支持和心理支撑，降低严重情绪问题以及心理障碍的发生几率；③获得"正常化""多元化"的心理教育和自我认同，促进个体健全人格的发展，以提升和拓展具有适应性的自我身份认同；④发展和丰富应对技巧和应对资源，提升个体心理弹性和抗逆力，以提高生命质量；

在家庭层面，高挑战青少年的家庭需要：①家庭应激状态的危机介入，以保障家庭系统的稳定性和安全性，为高挑战青少年提供最直接、有效的保护环境；②面向家长的负性情绪疏导，为家庭提供长程、系统的心理支撑，帮助家庭恢复自然支持功能；③获得"正常化"心理教育、"专业化"护理知识、"双文化认同"亲职教育以及特殊化教育，提高家长的养育以及监护能力，补充和提升家庭教育功能；④获得家庭化、互助化、多元化的支持网络，从而提升群体融入感和归属感，减少家庭的自我孤立和社会隔离；⑤促进政策完善和倡导社会接纳，从而为高挑战青少年家庭提供有力的制度支持和文化支撑。

接下来，我们将用社工介入性侵案件未成年被害人的个案服务呈现本研究对于此类高挑战青少年的权益保护和社会救助服务。

第三节 性侵案件未成年被害人个案服务

一、性犯罪未成年被害人保护

性犯罪是一种严重违反人性、侮辱人格的性掠夺行为，性侵害案件被害人所遭受的是人类最为私密且攸关根本尊严的法益侵害。与成年被害人相比，未成年被害人因其身心尚未成熟的特点而面临更大伤害。而我国注重个人"贞操"以及以"家丑不可外扬"捍卫家庭尊严的传统价值无疑给"性"话题套上了沉重的枷锁，遭受性侵害的未成年被害人的处境极为艰难，很多人甚至不愿声张、不敢报案，[1]成为"沉默的羔羊"。[2]

近年来，侵害未成年人犯罪案件呈现高发多发态势，[3]青少年遭受性侵害犯罪成为公众关注的热点。为了更好地保护和救助被性侵害的未成年人，有效预防和减少性侵害未成年人犯罪，自2014年起，北京市朝阳团区委立足救助层面，联合公检法等部门，动员和链接中国政法大学社会学院、中国心理学会法制委员会、北京市朝阳区方舟社会工作发展中心等社会力量初步搭建了区域性、跨部门化、联动介入的综合保护救助体系，为性侵害未成年被害人及其家庭提供法律援助、心理支持以及

---

〔1〕 樊荣庆等："论性侵害案件未成年被害人'一站式'保护体系构建——以上海实践探索为例"，载《青少年犯罪问题》2017年第2期。

〔2〕 刘娥："论性侵犯罪中受害儿童的权益保护"，载《中国青年政治学院学报》2010年第3期。

〔3〕 上海政法学院姚建龙教授在"未成年被害人'一站式'办案模式专家论证会"上指出，对于近年来未成年被害人和性侵案件人数均呈增长趋势的状态，需要从伴随国家对于性侵害案件未成年被害人的保护力度加强，使得原本很多犯罪黑数进入保护的视线这一层面理性看待增长数据。

协调社会救助等综合保护救助服务。

经过 5 年实务探索和主动介入，越来越多的性侵案件未成年被害人随着案件进入司法程序而出现在社工面前，而社工要做的、能做的就是陪伴和支持，陪伴"沉默的羔羊"穿过足以让人爆发或者死亡的沉默，等待并支持他们重新发声，透过他们讲述属于自己的成长故事，促进其创伤自愈。

二、强制猥亵未成年被害人案例分享

2019 年的初夏某天，白某侧跟在母亲的肩后，整整高出一头的身子在母亲厚实的身旁显得格外清瘦，微微内扣的肩膀不知是出于背包的重量，还是因为些许局促，校裤下晃荡的双腿似乎努力地调整步伐，以让自己不紧不慢、刚好在母亲的侧后方同行。在迎上前的检察官面前，白某停住了脚步，裤兜里滑出了双手，内扣的肩膀随着一声"检察官好"似乎被打开来，他呼出一口气，原本模糊的五官变得生动分明起来，俊秀的脸上一双眼睛，坚定中透着一丝羞涩，随即这丝羞涩在嘴角挤出的笑容中漾开……

（一）背景资料

2019 年 6 月 24 日，经北京市某区检察院未检处转介，北京市朝阳区方舟社会工作发展中心在朝阳团区委的指导下，为强制猥亵未成年被害人白某及其母亲提供个案服务[1]。

---

〔1〕 随着北京市逐步将成年人侵害未成年人犯罪案件（以性侵害案件为主）纳入各级检察机关未成年人刑事检察部门（简称未检部门）受案范围，目前，北京市朝阳区检察院初步形成了专业化的办案机制，并联合朝阳区团委、朝阳区教委以及多种社会力量逐步推进朝阳区性侵害案件未成年被害人"一站式"综合保护体系的形成。其中，面向性侵害案件未成年被害人的心理救助服务由北京市朝阳区方舟社会工作服务中心提供。

白某，男，16 岁，就读于北京市某区某重点中学。2019 年 5 月某日下午，白某在合唱团集训后跟随合唱团老师到办公室进行个人辅导，被合唱团老师强制猥亵（具体案情涉及未成年人权益保护以及性侵未成年人案件的保密原则，故省略），其间白某未进行反抗。事发第二天，白某将过程袒露于母亲，经与母亲以及亲友（白某的干爹、干妈）商讨，事发第三天，白某在母亲的陪伴下到朝阳区某某派出所报案。

2019 年 6 月初，案件进入检察院起诉阶段，检察官在办案过程中发现白某在报案后情绪状态较为稳定，学习生活未受到明显影响。但随着立案侦查的推进以及案件在家庭、同伴团体以及学校不同层面的发酵，白某于事发后两周主动退出合唱团，对唱歌失去原有兴趣，6 月底（期末考试之前）做出转学的决定，并因"转学"的决定陷入与母亲的"冷战"中。母亲担心其心理状态，故而求助于检察官，希望司法社工以及心理工作者对其心理状态进行评估，并提供适当的心理疏导服务。

（二）服务对象心理状态评估

社工通过与检察官、白某及其母亲的访谈，结合性侵害人与被害者关系、强制猥亵发生时间以及过程、案发后个人以及家庭的应对方式、性侵犯案件披露后所带来的多重影响、个人成长经历以及家庭关系等内容，根据心理危机发展阶段性特点[1]以及危

---

〔1〕 心理学家把心理危机发展以及应对的过程分为 4 个阶段，包括冲击期，指在危机事件爆发当时或不久之后，人们感到震惊、恐慌、不知所措等情绪冲击和体验；防御期，指个体对焦虑、惊恐、内疚等情绪紊乱进行控制和调解，并尝试恢复受到伤害的认知功能以及心理平衡，会出现对不平衡心理的否认或对其加以合理化等反应；解决期，指个体积极采取各种方法接受现实，寻求各种资源努力想方设法解决问题，使焦虑减轻、自信增加、社会功能恢复；成长期，即个体获得了应对危机的技巧，在心理上变得更加成熟。

机介入模式的评估要点[1]对案主性侵害心理适应状态、当前应激状态及应激事件缘由，以及个人优势等方面进行了评估。

1. 心理危机发展阶段评估

根据心理危机发展的阶段性特点，案主正处于性侵害危机的解决期。在案发后的 3 天里，案主通过主动坦露（情绪舒缓）、寻求情感支持（价值认同）、亲友陪同报案（安全感和控制感修复）等方式，有效缓解和渡过了性侵后强烈、负性的情感体验（情感反应），减轻了内在价值冲突（认知反应），同时犯罪嫌疑人被逮捕在一定程度上恢复了个体的控制感、安全感以及自我效能感（行为反应）。由此可以推断，强制猥亵给案主以及家庭在短时间内（尤其是冲击期）带来强烈的情感体验和心理困扰，但并没有给案主带来严重的心理创伤，这也是报案后案主能够快速回到学校，恢复往常学习生活，社会功能没有出现明显损害的原因。

2. 当前应激状态分析

随着案件的披露以及母亲的继发性创伤反应（焦虑、自责、愤怒、无助等），案主出现情绪低落（焦虑、害怕、沮丧、孤独等）、兴趣低落（退出合唱团、不唱歌、不练琴）、行为退缩（回避案发场地、回避合唱团员、回避与同学打交道、回避与母亲正面争执、产生转学的念头）等心理不适的现象，在一定程度上影响了案主的社会功能和适应能力。由此可见，案件披露所带来的连锁反应使正处于强制猥亵危机解决期的案主面临着更多的挑战，不仅使之前案主以及家庭通过报案以控制和清除危险源（性侵犯嫌疑人）的应对方式失效，更让家庭陷入转学

---

[1] 危机介入模式强调在确保案主人身安全的前提下，从情感、认知和行为三个层面对案主进行快速评估。

的"冷战"中。

3. "转学"冲突分析

目前，案主因"转学"与家长（包括母亲、干妈以及父亲）发生争执，案主与母亲都陷入转学的多重趋避冲突中，随着转学申请提交时间的临近（学校要求家长需在 7 月 8 日前提交转学申请，否则将等到下学期末重新申请）而导致家庭关系紧张。

从危机介入模式的视角来看，案主以及家庭成员缺乏足够的危机应对知识、适当的情感支持，单一僵化的家庭互动方式以及家庭功能不足是引发母子"转学"冲突的主要原因。从心理社会治疗模式来看，转学冲突和性侵犯案件以及案件披露后带来的个人创伤（包括案发情境造成的回避压力以及披露后的舆论压力、人际关系紧张）和家庭创伤（母亲的继发性创伤反应，如对案主学校生活的焦虑、对案主人身安全的焦虑等）、案主的性格（温顺、被动）、案主所处的身心阶段（对父母的去认同化和自我认同倾向）、家庭结构（父亲缺位，母亲较为强势）、家庭沟通以及决策方式（以母亲意见为主）等密切相关。

4. 案主优势分析

结合案主在案发后清洗衣物、主动向母亲袒露、在母亲支持下报案、努力恢复正常的学习生活来看，案主具有正向、积极的归因方式和一定的决策、执行以及受挫抗压的行动力，表现出良好的自我功能和有效的防御方式。同时，案主学业优秀、特长突出，具有良好的自尊和自我效能感。此外，良好的亲子关系（安全型依恋）以及有力的社会资源（家庭成员、家外系统以及法律支持）为案主应对危机、恢复心理平衡、促进性侵害创伤自愈提供了环境支持。

（三）服务模式

1. 危机介入模式

危机介入是指对危机状态下的个人、家庭或团体提供一种短期治疗或者调试的过程，它是一种特殊的介入，目的在于去除服务对象的紧张情绪、恢复功能，使他们走出危机。危机介入的目标是在有限时间内以密集的方式来提供支持性协助，使案主恢复以往的平稳状态。[1]

因此，在危机介入时，社工需要迅速了解服务对象的主要问题、快速作出危险性判断、有效稳定服务对象的情绪和积极协助服务对象解决当前问题。这既是危机介入模式的特点也是危机干预的主要内容。

在危机介入过程中，社工需要聚焦服务对象的危机，运用多种介入技巧，按照以下原则为服务对象提供心理调适和危机干预服务。

（1）及时处理。由于危机的意外性强、造成的危害性大，而且时间有限，需要社会工作者及时接案、及时处理，尽可能减少对服务对象及其周围他人的伤害，抓住有利的可改变的时机。

（2）限定目标。危机介入的首要目标是以危机的调适和治疗为中心尽可能降低危机造成的危害，避免不良影响的扩大。只有把精力集中在目前有限的目标上，社会工作者才能与服务对象共同协商和处理面临的危机。

（3）输入希望。因为当危机发生之后，服务对象通常处于迷茫、无助、失去希望的状态中，所以在危机中帮助服务对象的有效方法是给服务对象输入新的希望，调动服务对象改变的

---

〔1〕 范明林编著：《社会工作理论与实务》，上海大学出版社 2007 年版。

愿望。

（4）提供支持。在帮助服务对象面对和处理危机过程中，社会工作者需要充分利用服务对象自身拥有的周围他人的资源，为服务对象提供必要的支持。当然，同时也需要培养服务对象的自主能力。

（5）恢复自尊。危机的发生通常导致服务对象身心的混乱，使服务对象的自尊感下降。社会工作者在着手解决服务对象的危机时，首先需要了解服务对象对自己的看法，帮助服务对象恢复自信。

（6）培养自主能力。危机是否能够解决最终取决于服务对象是否能够增强自主能力。虽然服务对象在危机中自主能力有所下降，但社会工作者不能认为服务对象缺乏自主能力，整个危机介入过程就是社会工作者帮助服务对象增强自主能力面对和克服危机的过程。

简言之，危机介入模式采取的是一种心理、社会相结合的服务介入策略，将服务对象的内部心理调整与外部资源链接结合在一起，并且针对服务对象危机的消除提供直接有效的服务。这种介入策略常常涉及三个基本方面的服务：危机中无助感受的处理、外部社会资源的挖掘以及服务独享应对危机能力的提升。[1]

2. 家庭抗逆力视角

Walsh（1998）以家庭系统理论为基础，结合生态理论和发展理论，提出了家庭抗逆力理论视角。她认为家庭抗逆力不是静态的家庭特质，而是家庭在经受生活逆境的挑战中，协调并调动家庭复原能力、积极适应和成长的动态关系过程，包括家

---

〔1〕　全国社会工作者职业水平考试教材编写组编写：《社会工作综合能力（中级）》，中国社会出版社2015年版。

庭信念系统、家庭组织模式和家庭沟通过程。家庭抗逆力过程受到个人、家庭和更大社会系统的影响，并随几代人的生命历程而演变。Patterson（2002a，b）在其"家庭调整及适应反应模式"基础上，提出了研究家庭遭受重大风险（创伤）的抗逆力理论模式。与 Walsh（1998）相同的是，该理论也承认家庭抗逆力是一个促进家庭执行功能和个人发展、阻止家庭出现不良后果的保护性关系过程；不同的是，该理论认为家庭抗逆力关系过程是家庭系统风险机制（过程）和保护机制（过程）在家庭意义的调节下相互作用的过程结果。构成家庭抗逆力的保护过程包括家庭凝聚力、家庭灵活性、家庭沟通模式和家庭意义。[1]

　　国内外研究发现，孩子遭受性侵犯作为一个创伤事件，不仅对孩子的身心健康以及未来生活带来灾难性后果，还会使整个家庭经历诸多自身无法控制的重大改变，使得家庭作为整体经历家庭创伤。在受害者层面，受害儿童不仅会遭受不同程度的身体伤害，如性器官受损、性器官以外的身体受损、感染性病、怀孕等;[2]还将出现各种心理适应困难，甚至持续至成年，包括创伤后应激障碍，不恰当的性行为（包括性滥交）和性功能障碍、焦虑、抑郁、进食障碍、体像障碍、低自尊、退缩、攻击行为、躯体主诉、恐惧及噩梦、注意力不集中、滥用药物、自杀或企图自杀、人际关系困难（特别是亲密关系）、多次受害等。[3]在家庭层面，披露性侵犯后，家庭创伤将给家庭支持功

---

〔1〕　龙迪：《性之耻，还是伤之痛——中国家外儿童性侵犯家庭经验探索性研究》，广西师范大学出版社 2007 年版，第 39 页。

〔2〕　刘娥："论性侵害犯罪中受害儿童的权益保护"，载《中国青年政治学院学报》2010 年第 3 期。

〔3〕　龙迪：《性之耻，还是伤之痛——中国家外儿童性侵犯家庭经验探索性研究》，广西师范大学出版社 2007 年版，第 15 页。

能带来负面影响，表现在三个方面：①父母继发性心理创伤；②家庭关系（功能）恶化；③社会孤立和制度创伤。[1]

因此，在开展性侵害案件未成年被害人的个案服务中，社工从案主个体和家庭系统两个层面，借助危机介入模式和家庭抗逆力视角，着力于提升案主的适应性和发挥家庭的复原力，促进案主以及家庭的危机过渡和创伤修复。

（四）服务计划

1. 服务目标

鉴于性侵害未成年被害人的特殊性（身心创伤）、案主所处的境况（正值期末考试周）以及案主的当前需求（一周内做出是否"转学"的抉择），社工通过与案主、案主母亲以及检察官进行前期会谈后，与案主以及案主母亲达成以下服务目标：

（1）快速评估案主当前的心理创伤状态；

（2）促进案主以及母亲的真实情感表达；

（3）丰富家庭成员对于性创伤应激反应常态化、正常化的知识以及应对方法；

（4）协助家庭成员对转学原因进行理性分析，促进家庭成员的双向沟通，并达成一致性应对意见；

（5）帮助家庭对性侵害以及案件披露后可能带来的负面影响形成合理期待，探索并寻找应对资源，提升个人以及家庭的抗逆力。

2. 服务计划

考虑到案件的特殊性，本案以性侵被害人家庭（即案主以及母亲）作为服务对象，由一名男性社工和一名女性社工同时

---

[1] 龙迪：《性之耻，还是伤之痛——中国家外儿童性侵犯家庭经验探索性研究》，广西师范大学出版社 2007 年版，第 25 页。

为个人以及家庭提供专业服务。具体服务计划如下：

阶段	目标	任务	服务方式
评估	制定目标 形成联盟	1. 建立关系 2. 收集资料 3. 状态评估	检察官会谈 家长会谈 家庭会谈
介入	情绪疏导 认知调适	1. 案主负性情绪疏导 2. 应激反应常态化、正常化教育 3. 转学原因分析	案主会谈/ 沙盘游戏
		1. 母亲继发性创伤反应处理 2. 应激反应常态化、正常化教育 3. 青少年身心发育特点普及 4. 转学原因分析	家长会谈
	行为改变	1. 形成从"转学"危机到"转学"应对的对话 2. 细化转学步骤，并讨论应对方案	家庭会谈
结束	积极应对	1. 转学申请沟通 2. 转学过渡准备 3. 告别—出发	多方会谈 家长会谈

（五）服务过程

1. 评估阶段/家庭会谈

社工在接受个案转介后，通过与检察官以及案主母亲的电话沟通，对案发过程、案情办理进展情况、案主近况以及各方诉求进行了梳理，在得知案主本人的求助动机并不明显后，社工提议以家庭会谈的方式开启初次访谈，并配备两名社工（一名男性社工"Z"＋一名女性社工"A"）以满足案主以及母亲个性化的求助需求。

- **"我和你换个位置吧，你们帮我看看他到底怎么了。"**

访谈当天，案主刚完成英语的期末考试，在母亲的陪同下如约来到检察院。进入三楼访谈室后，原本与检察官、社工轻松寒暄的母亲，等检察官调整好录像设备离开后突然安静下来。而一直跟随在母亲身后的案主，仿佛失去了坐标，面对回字形会议桌前的椅子，不知该往哪儿躲。当听到社工说找个舒服的位置坐下后，案主快速瞟了一眼母亲，径直朝离门最远的座位走去、卸下书包轻放在右手的座位后落座。母亲驻足环顾四周，看到儿子坐好后，在儿子左手的座位坐下。

随后，A 社工坐在母亲左边，Z 社工隔着放着书包的椅子坐到案主的右边。在 A 社工简单地对社工身份、服务流程、服务方式以及特殊设置（包括全程录像的要求、案件保密原则等）等内容进行说明后，母亲对 A 社工说："我和你换个位置吧，你们帮我看看他到底怎么了。"

于是，案主在六双眼睛和摄像机的注视下，被动进入到"我到底是怎么了"的对话中。

- **"他就是这么'磨唧'，有什么话也不直接说，不愿意的事儿也不敢直接拒绝，要不然怎么会被老师欺负成这样！"**

A 社工挨着案主坐下问：小白[1]，你也想调整位置吗？

小白（下意识低下头，同时把校服拉锁拉至领口轻声回应道）：随便。

A 社工：或者需要我调整一下位置吗？

（小白保持上述姿势，将嘴停在拉着领口的右手指背上不出声。）

A 社工起身将椅子向左后侧挪动，直到原本紧挨着案主的

---

〔1〕　为方便叙述，下文以"小白"指代案主白某。

椅子放在了与其母亲、案主之间呈现45度角的位置后问：这样的位置呢，你感觉怎样？或者你也可以侧侧身子，拉拉椅子，毕竟突然有那么多只眼睛盯着你，难免有些不自在。

小白（微微支起头，扫视了一下现在的位置，将缩在椅子下方的双腿向外延展的同时蹬地，顺势将身子向后靠紧了，之后缓缓吐出一句）：没事儿。

母亲（略急促地打断说）：你不用那么照顾他，一个男孩子家。他就是这么"磨唧"，有什么话也不直接说，不愿意的事儿也不敢直接拒绝，要不然怎么会被老师欺负成这样！

社工A：嗯，发生这样的事情不管是对孩子还是家长来说都是难以承受的。

母亲：是呀，不幸中的万幸他是个男孩，现在老师也被抓起来了。也算是有个交代。

社工A（转向小白）：妈妈说老师被抓起来了，也算是有个交代。你觉得呢？

小白：算是吧。

社工A：你愿意跟我们聊聊这个老师么？

母亲（打断）：这个人就不能算是老师！也就是你把他当老师看！

社工A：听起来妈妈除了心疼你被老师欺负外，对你还有些生气，怪你对他太客气了。是么？

（小白快速看了社工一眼并点点头。）

母亲（迅速接话）：我也不是怪他。但是他要是当时就拒绝，或者发现苗头不对就跑或者喊，哪会有后面这些事儿！

社工Z：所以妈妈到现在为止也难以接受孩子遭到猥亵的事实，更不能理解孩子当时为什么没有更好地保护自己，对么？

母亲：这事儿都发生了，不接受也没有办法，我也不是怪他，我只是想不通一个大小伙子怎么就……哎，你看就像现在这样，你问他什么，他就是磨磨唧唧的，半天不搭话。

社工 A：嗯，我刚才听到了小白的回话，他说"没事儿"。是么？（社工 A 转向小白，在得到小白肯定的眼神后补充道）而且，"磨磨唧唧"的他在案发后选择了报案。对吗？

小白（从校服衣领里伸出脖子，给了一个干脆的回答）：对。

● **"报案是我妈陪我一起去的。"**

案主母亲似乎突然意识到了什么，喃喃自语道："在报案这件事情上，他倒是比我更坚决……"

随后，社工详细询问了案发后小白回到家后的反常举动（一回家就去洗澡、洗衣服、晚饭时不怎么聊天说话、夜里睡觉不怎么踏实、第二天不练琴以及晚饭前向妈妈提出想要"转学"的打算）、案件袒露的过程（在母亲追问转学的缘由后，小白跟妈妈袒露了案发的经过）、家庭成员的反应（母亲自述"当时完全蒙了""一整宿没睡""孩子反倒过来安慰我""孩子爸出差不在家，也没有告诉他"；小白自述"决定报警后，心里舒服多了""我不说、别人不说，就没人说了，总得有人站出来"）、家庭应对的过程（母亲第三天一早找来孩子的干爹、干妈商量对策，在跟孩子分析了报案、私了、转学等多种方式以及利弊后，最终，尊重小白的决定，于案发后第三天到派出所报案）

社工：是妈妈说的这样么？有什么要补充的吗？特别是你的感受那部分。

小白（冲着妈妈不好意思地笑了笑）：没有了……我妈记得挺清楚的，有些部分其实我都忘记了。

社工 A：没想到妈妈比你更上心吧。那有没有哪个部分是你妈妈忘记的呢？

小白：有啊……比如报案是我妈陪我一起去的。

社工 A：所以，不只是你一个人站出来了，你和妈妈还有你们一大家子都站出来了，对吗？

小白（和妈妈对视了一下，半开玩笑地说）：嗯，除了我爸。

母亲（半责备半维护着回应）：你爸当时在外地，知道了也闹心。再说了，跟他说有什么用，去把老师揍一顿，还是去学校闹一场……我和他干爹、干妈商量后觉得还是先瞒着他爸比较好。

社工 A：听上去除了担心孩子他爸着急以外，还怕他做出一些比较冲动的举动，是么？

母亲：嗯，他做事比较冲动。

社工 A：小白，如果爸爸当时知道了，真的跑去恨恨地揍老师一顿，你觉得怎样？

小白（停顿了一秒，笑着回应说）：那老师一定被揍得很惨。不过，我爸肯定也会被我妈骂得很惨。（说着顺势侧头向妈妈瞟去）

（母亲向前探了探身子，好像正想回复什么，却被儿子脸上略带得意的表情逗笑，随即"哼"了一声，身子又放回椅子靠背里。）

社工 A：你妈妈刚才笑着"哼"了一声，你听见了吗？

小白（连忙点头并向社工靠近）：听见了啊！

社工 A：那你觉得这句"哼"是什么意思呢？

小白（边说边看向妈妈）：就是表示我说得对，但又不想承认我说得对的意思。

（话音刚落，案主、案主母亲以及社工都被这句话逗笑了，案主一直交叉在胸前的双手也随着笑容松懈了下来，被右手支撑着的脑袋带着整个身体第一次稳稳地落在了椅子上，好像忘了侧前方一米远那台摄影机的存在。）

社工 A（回头问母亲）：是你儿子说得那样么，你知道他是对的，又不想承认。

母亲（仿佛又好气又好笑地回复道）：算是吧。

社工 Z：那这次他想要转学的这个事儿呢，你觉得他是对的吗？

母亲和案主似乎被这个突然一转的话题给怔住了，一时间对话陷入了沉默……

● **"怎么说呢？其实也没有到心烦那么严重……"**

社工 A（打破沉默道）：好像一谈到转学的话题突然就变得沉重起来，我记得刚才妈妈说案发后小白最先向妈妈袒露时就是以"我想转学"开始的，对么？

（小白低头不作声，母亲似乎也陷入了回忆中。）

社工 A：那我们慢慢来，如果提起转学不舒服或者不想说可以第一时间告诉我。

母亲（突然打断）：其实没有不舒服，本来也是为了转学这个事儿来找你们帮忙的。我就是想不明白他现在为什么坚持要转学，早知道这样，还不如一开始就直接转学呢……

社工 A：哦，原来妈妈是想知道小白为什么现在改变主意了，从案发后打算转学，到决定报案、回到学校学习再到再次想转学，这个中间发生什么变化，是么？

（母亲点头肯定，并用眼神示意社工让小白答复。）

社工 A：小白，你呢？提起转学会让你不舒服么？或者会让你想到什么。

（小白摇摇头并不作答。）

社工 A：我看见你在摇头，你摇头是想说并没有不舒服，还是不想说呢？如果你现在不想说，可以选择不说的。没有关系。

小白（抬头回应）：没有什么不舒服……就是一时间不知道该怎么说。

社工 A：嗯，是的。不管是转学还是不转学，好像都是个比较艰难的决定，不像说几句话那么容易。就像当初你纠结了一天一夜才鼓起勇气告诉妈妈想要转学，而不敢直接把事情的真相告诉她。你当时是怎么想到转学这个办法的？

小白：就是想着赶紧离开他，离开学校就行。

社工 A：眼不见心不烦，是么？

小白：嗯，算是吧。

社工 A：那么现在呢？老师已经被立案逮捕了，学校里已经见不到他了，但是还是会心烦，是么？

小白：怎么说呢？其实也没有到心烦那么严重……

母亲（打断道）：怎么不是心烦，你看你把合唱团退了，在家也不练琴了、也不唱歌了，上周提出想要转学了，我和干妈都把利弊跟你分析清楚了，你还是不松口。

小白：我没有不松口，只是你们说尊重我的意见，可实际上又反对我……

（母亲似乎没想到小白会突然插话，立刻收住了声音。）

社工 A：嗯，小白，这是你今天第一次打断你妈妈说话。来，继续说说你的意见。也许你的意见和妈妈跟你说的利弊分析有许多的不同。

小白（似乎得到了鼓励，停顿了一会儿说道）：其实，我也不是对我妈有什么意见。我只是想告诉她们这次转学跟上次想转学不一样……

随后，社工跟随小白的表述逐渐了解到小白报案后在学校的一些变化，并及时地进行澄清和梳理，包括：①从犯罪嫌疑人被逮捕的第二天起，就陆续有好友以及合唱团团员向案主打听老师被带走的原因，同学对老师被人举报性侵的反应不一，少数同学和学长直接怀疑案主就是"告密者"。而母亲得知后要求案主不能跟学校的任何人说明真相。②慢慢地，案主在学校主动避开合唱教室和案发现场。一方面是合唱团因为老师的缺席受了影响（小白自述"合唱团的氛围全变了""觉得挺压抑的""大家排练都没什么精神"）；另一方面是减少与团员的碰面，以减少私下的讨论和追问（小白自述"大家私底下都在猜测到底是谁把老师给告了""团员问我时，我也想跟他们说实话，但我妈不让""他们问我的时候，我就打哈哈""倒是没有同学拆穿我，但也有些心虚"）；③随着期末的临近，两周前小白以学习为由退出了合唱团（小白自述"临近期末了，也有同学请假不参加排练的，我也就跟着退团了"）。

社工注意到在小白表述如何应对团员、学长和同学的追问时，母亲几次打断他，强调小白不听劝阻曾将真相透露给一个最要好的朋友。在小白表明除了他并没有人知道真相，而且除了团员以外，同学和老师都没有什么异常后，母亲补充道小白曾经跟她提到过一个学长（大二学生，担任合唱团助教，曾就读于该高中，因声乐特长保送某大学）对案主的"警告"，以及随着案件判决犯罪嫌疑人的家人以及学生迟早会暴露案主身份的担心。小白也表示，除了有意避开合唱教室、排练厅以及和老师相熟的同学以外，放学的时候还是有些担心和害怕，怕会碰到学长或者老师的家人（小白在案发后从几个团员和学长那得知老师的前妻是同校的老师，他弟弟是个瘾君子，靠他养活）。母亲随即表示这也是她担心小白在学校过得不好的原因。当社工追问害怕被别人知道、怕被报复是不是想要转学的主要原因时，小白表示不全是。

最后，社工 A 和社工 Z 对案主和母亲的表述进行了概述，并询问是否准确或者需要补充。在肯定了案主以及母亲袒露的勇气、对社工的信任、案发至今案主家庭的努力后，社工提议将服务的目标聚焦于如何化解"转学"冲突上，并得到了案主和母亲的同意。同时，社工提议用单独会谈的方式了解和回应案主以及母亲各自对于"转学"的想法和需求。最终，小白选择与社工Z进行单独会谈，社工A则与母亲进行单独会谈。

经过近2小时的会谈，社工通过观察案主以及母亲的言语表达、母子间互动方式，询问和梳理案件发生及披露后外部环境以及家庭成员的变化、家庭的应对过程、母子当前需求以及潜在冲突，对案主以及母亲的情绪状态、性格特点、亲子关系以及原生家庭特点、家庭社会支持等方面形成了初步的认识和判断。同时，随着家庭会谈的推进，案主的主动表达明显增多，抵触和紧张情绪逐渐减少，案主母亲的急躁、焦虑情绪也有所放松，留给案主说话的机会也逐渐增多。这为接下来的单独会谈提供了更大的对话空间。

2. 介入阶段/单独访谈

（1）家长会谈。

社工A带着母亲来到了另一间访谈室，离开前母亲还不忘叮嘱案主几句。社工宽慰母亲不用担心，母亲回应道："别看比我高出一大截，其实还是个孩子。"社工A建议母亲找个舒服的位置坐下，在发现并得知这间访谈室没有摄像机后，母亲似乎轻松了不少，主动说道："其实你不用跟我聊，主要是跟他（小白）聊就行，帮我做做他的工作。"

● **"能说服他不转学当然最好，但是如果他真的要转，我还是尊重他。"**

社工A：您放心，我知道您担心小白，小白有社工Z陪着。我就跟您聊聊。

母亲：我其实没什么好聊的。

社工A：那要不说说您希望我们做做他哪方面的工作吧。

母亲：就是转学这事儿。

社工 A：那您希望我们具体做什么呢？是帮您说服他答应不转学，还是让他告诉您真实的想法？

母亲（沉默了几秒）：能说服他不转学当然最好，但是如果他真的要转，我还是尊重他。

社工 A：我真替小白高兴，有您这么一位尊重和爱护他的妈妈。我想不管最后小白做什么决定，都能感受到您的这份苦心，也许这也是之前他说对您没什么意见的原因吧。您说呢？

母亲（稍显不好意思地回应）：也许吧，这孩子从小就跟我亲近，有什么事儿也都是和我商量着来。只是没想到在这件事上，他这么坚决。

社工 A：嗯，那刚才小白说到的那些在学校绕开合唱教室、避开合唱团员、放学路上的担心，您觉得是他想要转学的原因吗？

母亲：应该是吧。

社工 A：这些事儿他之前跟您提到过吗？

母亲：提是提到过，但跟今天说的有些不一样。

社工 A：那具体有哪些不一样呢？

随后，社工引导母亲将"不一样"的地方具体化，包括在内容上、表述的方式上以及回应上。母亲反馈早在报案前就担心过案主的身份被曝光的问题，但没想到刚报案两天就有同学知道了。母亲不赞成案主把真相告诉好友的想法和做法（虽然反复跟案主交代过不能说出真相，但案主还是对其中一个同学坦白了实情）并和案主发生过几次争吵，以至于后来母亲问案主学校的情况，案主都寥寥几句带过。直到前一周案主突然跟母亲提起打算转学，并在干妈的劝阻下也不松口。母亲意识到如果把这些情况从头到尾地捋一遍，好像可以理解案主想要转学的原因，以及这次转学跟案发后第一次提出的转学不一样的地方。社工 A 及时肯定了母亲的想法，并询问了母亲不支持孩子转学的原因。母亲回应一方面是怕转学影响孩子学习（母亲自述"马上进入高二，虽然学习成绩一直还不错，但毕竟刚经历这事儿，又换到新的环境，怕对学习有影响"）；另一方面是出于学校的特殊照顾（案发后学校领导因担心影响学校声誉，曾向案主母亲表示会对案主在学习上加以照顾，并许诺如果条件达标会优先保证案主的高考保送资格）。

- **"孩子的事一般都是我拿主意。"**

当社工问到母亲是否跟案主提起过上述原因时，母亲表示之前沟通时多以担心影响学习为由，而没有提起学校方面的"照顾"，怕孩子反感。

社工 A：转学涉及换新环境、新老师、新同学，的确有可能会影响到成绩，尤其是小白马上就上高二了。

母亲：是呀，所以我才拿不定主意。

社工 A：那您跟小白爸爸商量过这事儿吗？

母亲：没怎么跟他商量，孩子的事一般都是我拿主意。

社工 A：看得出来，您真是个能干的妈妈。感觉您是既当妈妈又当爸爸，太不容易了。

母亲（有些不好意思）：也不是。主要是他爸工作忙，孩子一直也是我照顾。再说小白也挺听话的，这孩子从小到大就没怎么让我操过心……

随后，母亲向社工 A 讲述了小白的成长经历，以及当初因犯罪嫌疑人而放弃其他中学的入学邀请的过程（小白从小喜欢声乐，在小学以及初中的合唱团小有名气。初二的一场比赛中，小白获胜并得到了某重点高中合唱团老师即犯罪嫌疑人的认可和赏识，小白从此坚定了要去该高中的决心）。案主母亲表示若不是当时案主坚持，或者当时自己再坚决一点，案主就不会进入现在这所中学，也就不会遇到后面这些事儿了。

社工宽慰了母亲的自责和后悔后，小心探问母亲既然之前并不看好这所学校，现在转学为何不同意。随着对话的深入，母亲意识到除了担心影响学习以及顾及学校的许诺外，不愿转学的背后多少有些不甘心（母亲自述"出事后，学校领导也没有主动跟我们联系""现在转学倒感觉是我们做错了什么""跟学校提出转学申请的时候，学校领导似乎在埋怨我们，觉得因为我们报案让学校损失了一名名师、影响了学校的声誉以及好多孩子的前途"），当社工询问这份不甘心是否在得到学校的升学许诺后有所平复时，母亲陷入了沉思。

（母亲沉默片刻回应）：也许吧。好歹对孩子的将来有所保障。

社工 A：也算是您对孩子的一种补偿，对吗？

母亲（一怔）算是吧。前两天跟学校询问是否可以转学时，学校领导还说要是成绩不好都没法申请其他重点高中，可问题是我们家孩子当时成绩非常优异，是他们主动要我们的，还说会重点培养我们家孩子……现在却像是我们家孩子做了见不得人的事似的……

社工 A：小白才是受害者，可学校似乎倒打一耙，您觉得特别委屈。您担心学校这种态度不仅会毁了孩子的现在，也许还会毁了孩子的将来。您觉得特别愤怒，不公平，却又不知道该怎么办，特别无助。

母亲哽咽着点点头，接过社工递去的纸巾。社工突然发现之前那个看上去能干、强势、中性（短发、短袖长裤）的母亲突然变得柔软、虚弱起来。

● **"嗯，他是这样的。心软，重感情，有的时候比女孩还细腻……"**

等到母亲情绪平复后，社工开始向母亲介绍和普及关于经历创伤事件后人们的正常身心反应，特别是性创伤事件受害人以及家庭的创伤反应以及创伤修复的过程，肯定了母亲在关键时期为小白提供的情感支持和应对支撑。随后，社工通过对话引导母亲察觉自己近段时间的情绪变化，让母亲意识到也许正是这种患得患失的心态（母亲自述"想问又怕问""想说服案主不转学，又忍不住担心孩子在学校的风险""想保护他不再受到伤害，又想着他是个男孩，总得让他摔打"）让母子俩在转学这件事情上难以进行理性的沟通。

母亲：也是，我其实知道他心里还是坚持转学，但他就是不说，表面上答应了，心里却有自己的想法。

社工 A：那你觉得他"就是不说"是因为什么？

母亲：是怕我生气吧。

社工 A：嗯，怕让您生气，让您伤心是吗？

母亲：嗯，他是这样的。心软，重感情，有的时候比女孩还细腻……

社工顺着母亲对案主性格的描述和判断，引导母亲觉察自己对于案主偏女孩子气、缺乏男子汉气概的责备（母亲自述"他这 1 米 8 的大小伙子，比老师还高，哪怕是发现事情不对他撒腿跑都来得及啊""他说等老师坐牢了，还去牢里看他，跟他好好聊聊"），并结合案主与犯罪嫌疑人的关系、案主的身心特点以及性侵犯过程中受害者常见的应对特点，让母亲理解案主在案发过程中的身心状态，并肯定案主事后采取的应对措施，让母亲看到在心软、退缩、墨迹的背后，案主的坚定、自信和智慧（坚持报案、努力适应学校的生活、照顾母亲的情绪），也让母亲意识到责备孩子案发时候的退让也许是母亲缓解自己无能感和内疚感（母亲自述"是不是平时管得太严，让他太听话，才被欺负""让他遇到这事"）的一种方式。

母亲：是的，他的性格看上去温顺，但其实还是挺有主见的。

社工A：就像您提到的那样，升学时义无反顾的择校、比您还坚持报案、不顾您的反对跟好哥们袒露事情，以及现在用无声的坚持来争取转学一样，是么？

母亲（释然一笑，回应道）：嗯，确实是无声的坚持。

社工A：所以虽然小白的性格是有些"磨唧"，但好像并不影响他做出自己的判断和决定，只是他做决断的方式在您看来有些不够痛快、不够直接、不够干脆，是么？

母亲：嗯。

社工A：那您希望小白可以怎样地表达自己的真实意见或者态度呢？

母亲（思索后回答）：更坚定直接一点吧。

社工A：您是说就算跟您意见不同，可能会和您发生争执，您也希望看到他更坚定一些，是么？

母亲：嗯，那样更好吧。

社工A：那我们等小白跟社工聊完，听听看他对转学的真实想法。也许我们可以试着从"转学"开始，给小白营造一个能让他尽量直接表达自己真实意愿的氛围，好吗？

母亲：好的，我也希望他轻松一点，别有太多顾虑，做自己想做的事就好。

社工肯定了母亲对案主的理解和一如既往的支持，并赞赏了母亲在对话过程中开放、敏锐和主动的自我察觉和探索反思（例如教育方式、沟通方式等），鼓励案主母亲将这份自我察觉和探索反思放在今后和孩子的"对话"中，让正值青春期的孩子在"磨唧"和"坚定"之间找到最适合自己的表达方式。

通过与母亲的会谈，社工引导母亲将"求助"的视角从案主身上（"帮我看看他到底怎么了"）逐渐转移到自己身上（"我拿不定主意"），帮助母亲觉察和表达自己在得知案主性侵被害后的情绪变化和应激状态（继发性创伤反应），并通过对应激反应的正常化教育、性侵害未成年被害人常见应对状态的理解，帮助母亲理性看待自己以及案主的应激反应，调整母亲对于自己以及案主应对的过高期待，逐渐接纳和肯定案主以及自己的努力和付出，给予母亲情感支持，逐步提升和恢复母亲对于生活和未来的可控感，为接下来的家庭会谈和家庭应对埋下了情感沟通和理性对话的种子。

（2）案主会谈。鉴于案主相较于母亲"被动"的求助状态和在家庭会谈中呈现出来的与母亲的潜在冲突（如何看待犯罪嫌疑人、如何应对同学、如何回避舆论压力等），社工 Z 从问询案主对于会谈的看法以及期待入手，开启了与案主的会谈。

● **"既来之则安之。"**

社工 Z：你是什么时候知道今天要来检察院的？

小白：这周一吧。

社工 Z：嗯，你妈妈当时是怎么跟你说的呢？

小白：就说因为转学这个事得跟检察官商量商量，也听听心理老师的意见。

社工 Z：那你想吗？

小白（停顿了一会儿，小声回应道）：听听检察官和你们的意见也没啥坏处。

社工 Z：嗯，听上去有些无奈啊。就好像在说，如果可以选，那我不来。但既然没得选，那就既来之则安之，是么？

小白（露出虎牙，释然一笑）：嗯，既来之则安之。

社工 Z：那我们就谈谈你现在的状态以及你转学的打算吧……

● **"我不后悔（报警）。"**

接着，社工引导案主对案发前、案件披露前以及披露后等不同阶段的情绪状态进行了梳理，并邀请案主用 10 点计分法（社工建议案主将案发前的情绪状态设定为 10 分，分数越高说明情绪状态越趋于积极平稳，反之则越偏向于负面情绪状态）对案发前、案件披露前以及现在的情绪状态进行评分，案主反馈案件披露前的状态为 4 分（案主自述"案发后，回家的路上都是蒙的""洗完澡、洗完衣服后觉得慌张、不知该怎么办""纠结了很久，还是决定跟妈妈聊聊""本来想好了转学就行，跟妈妈聊完以后觉得报警才是对的"），目前的情绪状态为 8 分（案主自述"挺好的"）。社工结合性创伤事件的常见应激反应以及心理应对过程对案主在案发后的情绪状态进行了正常化教育，向案主详细介绍了常态化应激状态的持续时间（4～6 周）、创伤事件发生时以及发生后的人类通常的反应状态（包括生理反应、情绪反应、认知反应、行为反应等），并肯定了案主在短时间内主动、有效应对危机，恢复心理平衡和日常生活的勇气和努力。同时促进案主反思，怎样能让案主 8 分的情绪状态回到往常 10 分的状态。

社工 Z：我相信从 4 分恢复到 8 分离不开你以及家人的果敢和应对，特别是在案件披露后，你要面临除了案件本身带给你的伤害以外更大的挑战，这些挑战一点都不轻松。

小白（似乎有所触动）：嗯，没有我想象得轻松。

社工 Z：能具体说说哪些挑战没有你想象得轻松吗？

随后，案主谈到报警后的反响（案主自述"没想到那么快就有人知道老师被抓了""合唱团没啥意思了"）、好哥们的反应（"只跟第一个也是最好的哥们说了实情，他支持我，但还是挺担心我的""要好的学长说举报者忘恩负义，不仗义，让我挺难受的"）、合唱团员的议论（"多数人为老师鸣不平，高年级的学长更扬言要替老师出头"）以及类似受害同学的沉默（"我知道好几个同学可能遇到过相似的情况，但他们都不愿承认，听检察官说也不愿配合取证")都是自己之前没有料想过的。

社工Z：所以虽然人被抓起来了，但他的影响还在；报警帮你从距离上隔离了这个人，却没办法让你回避合唱团员的追问、议论以及不明真相的猜测和指责，对吗？

小白（若有所思地回应）：嗯。

社工Z：那你后悔过吗？

小白（疑惑）：后悔什么？

社工Z：或者我们换个方式，如果时间倒回到案发后，你还会做出报警的选择吗？

小白（肯定地回应）：会。我不后悔（报警）。其实之前我也问过自己。

社工Z：什么时候，当时是什么情况让你对自己的选择产生怀疑呢？

小白（澄清道）：我觉得不是怀疑，反而是更确定。就是在退出合唱团前一个挺要好的学长说（举报）这事儿不仗义，还试探是不是我举报的时候。

社工Z：你感觉到不被理解和信任，好像举报就是背叛了他们一样。

小白：嗯。

社工Z：那你怎么看待仗义和举报之间的差别。

小白（思考片刻）：仗义是哥们情谊，平常打打闹闹什么的都好说，但是这件事他做错了，做错了就得改正。这是一个最简单的道理吧。

社工Z：说得真好，重情义更要辨是非，是么？

小白（幽默地回应道）：那是。

社工Z：所以当之前朝夕相处、重情重义的哥们变得不那么明辨是非，不怎么讲道理的时候，你是什么感受呢？

小白：每个人都有自己的想法吧，也没法勉强。

社工 Z：听上去有些无奈和失望，毕竟他们不是每个人，而是你的哥们，对吗？

小白（愣了一下）：嗯，是的。

社工 Z：所以，你也没有奢望每个人都站在你这边，理解你，但还是对要好的哥们抱有希望。也因为他们的不理解而感到伤心、孤独。我可以这样理解吗？

小白：嗯。

社工 Z：如果我是你，我还会感到愤怒和委屈，因为我才是受害人，可没法跟朋友们说出实情，也不知道怎么跟那些无端的、甚至是有些恶意的猜测反驳。

小白转过头不作回应，似乎在努力平复情绪。

- **"此处不留爷，自有留爷处嘛。"**

（等到小白回过头）社工 Z：我看到你刚才有些激动，似乎在努力平复自己的情绪，不让自己表现出来。

（小白挤出一丝笑容，没有否认。）

社工 Z：没有关系，慢慢来，等你好受一点了我们再继续。或者可以深呼吸几次，调整一下坐姿，让自己舒服一点。

（小白下意识地吐出一口长气，抬眼点头示意社工已经调整好了。）

社工 Z：嗯，我看到你刚才做了一个标准的深呼吸，长长地吐出一口气，感觉好些了么？

小白：嗯，没事了。

社工 Z：那除了深呼吸，你平时是怎么处理这些不好受的情绪的呢？

小白：其实也没什么，习惯了就好了。

社工 Z：看来你已经找到消化这种"不太好受"的办法了。

小白：也不算什么办法，就是平常在学校绕道走，避开合唱教室、合唱团员就行。实在是遇到团员八卦，就跟着他们打哈哈、声东击西、斗智斗勇呗。

社工Z：嗯，看来已经很有作战经验了。那有没有避不开也绕不过的情况呢？

小白：有啊。

社工Z：说说看。

小白：其实平常在班上还好，班上的同学基本不知道这事，也对合唱团的事儿没啥兴趣。只是放学的时候有些担心，因为难免会碰到团员、学长他们。

社工Z：担心他们跟你打听老师被告的事儿，对吗？

小白：不全是。

社工Z：那除了担心他们跟你打听老师的事情外，还担心什么？

小白：找我算账吧，我也说不好……

社工Z：嗯，没关系，我们只是对可能会发生的危险进行合理的推测，并不是在指正谁。那你觉得谁最有可能找你算账。

小白（思索后回应）：就是之前警告过我那个学长，不过他很有可能是说说而已。但他也许会把这事告诉其他同学或者老师的家人。

随后，小白向社工表达了他对学长以及老师家属知道真相后会找他算账的担忧（转述当时学长跟他说过的话"你这是断了老师一家的财路，你觉得他弟弟会轻易放过你么"）以及不敢跟妈妈多提、怕她跟着着急的担心（自述"就这样我妈都叮嘱我下学别一个人走，还问我要不要来接我"）。

社工（在梳理和概述的上述内容后，向小白澄清道）：看起来为了回避案发情境、回避合唱团员的追问和议论，你选择了退团；但是放学路上存在的潜在危险以及知道真相后的舆论是没有办法通过不去合唱团、避开合唱团员来控制的，所以，你想到了转学，是吗？

小白（停顿了几秒，幽默地回应道）：此处不留爷，自有留爷处嘛。

社工Z（被案主突如其来的幽默逗笑了）：嗯，更何况还是一个如此幽默自信、多才多艺、经历过风雨的爷，是么？

小白（也笑着回应）：没错。

● **"警察进入丛林抓捕了猎人，丛林恢复了往日的平静……"**

随后，社工和案主来到沙盘区，在简单说明了沙盘游戏的规则后，社工邀请案主按照自己的意愿开始沙盘游戏。半小时后案主完成了"作品"，社工建议案主按照摆放的顺序对"作品"进行讲述（部分）：

"沙盘中间有一棵树，树周围被一条小溪环绕，小溪以外丛林密布，其间有各种动物穿梭，兔子、豹子、鸟、斑马……后来，猎人手持猎枪闯入丛林（社工观察：猎人从沙盘左下角闯入丛林），很多动物都中枪了，天上飞的、地上跑的、水里游的，无一幸免，鲜血染红了溪水，丛林哀嚎一片……再后来，警察进入丛林（社工观察：警察从沙盘右上角进入丛林）抓捕了猎人，丛林恢复了往日的平静……"

在案主讲述的基础上，社工结合摆放过程中的观察对部分细节引导案主进行澄清和诠释。

社工Z（好奇询问）：我注意到警察带了手铐，但没带枪。

小白：嗯。

社工Z：所以警察带着手铐抓住了猎人。然后呢，警察对猎人做了什么？

小白：带回警局感化教育吧。

社工 Z：就像老师那样被警察逮捕，等待法律的制裁一样，是么？

小白（突然一怔，回应道）：也许是吧。

社工 Z：突然想到你妈妈说的，你还打算在他坐牢时去看看他，跟他好好聊聊，是么？

小白（抿嘴一笑）：嗯，我妈还说我脑子有病。

社工 Z：嗯，你妈妈好像不能理解你的想法。其实，我也很好奇你是怎么想到去看看他，打算跟他聊些什么呢？

小白（原本自然垂放的两手突然手指张开交错于胸前，停顿片刻回应道）：去跟他说一声吧……

（说着，案主似乎陷入了激烈的思绪跳动中，手指相互揉搓，眼神快速转动。）

社工 Z（点头，几秒后给予小白鼓励）：说一声，嗯，然后呢？

小白：我觉得他可能对我有些误会……我跟其他的人不一样，我对他这种……这种事情不感兴趣……我不知道他对别的同学怎么样，但是我不能接受……他不应该这样做……

社工 Z（坚定地回应）：是的，他不应该这样对你，不管是出于他是老师的身份，还是他让你把他当哥们的原因，他都没有权利这样做。因为你不愿意，他违背了你的意愿，而你选择用这样的方式保护自己。你的初衷不是想要惩罚他，而是想让他知道他做错了，对吗？

（小白看向社工，在用十指带动双臂绕到脖子后，微笑着用力地朝社工点了点头。）

社工 Z（模仿小白幽默的口吻道）：这才符合你"明人不做暗事"的风格，是么？

（小白不好意思地笑了，随后藏于脖子后的双手向身旁张开延伸开来。)

　　社工：我还注意到你最后把小溪里的红色沙砾用蓝色的细沙给掩盖了，是有什么意义吗？

　　小白：嗯，蓝色的细沙代表的是纯净水，红色沙砾是鱼和其他动物的血。

　　社工 Z：哦，所以你在蓝色沙子前选择了饮水机。

　　小白：嗯，我觉得这个能代表清澈的溪水。

　　在询问完案主是否还需要对"作品"进行调整和更改后，社工 Z 和案主进入了单独会谈的总结阶段。社工对会谈的内容进行了梳理和概述，重点反馈和肯定了案主自案发以来面对不同的情境和挑战，灵活、主动的应对姿态以及在这个过程中体现出来的坚持自我原则、体谅他人感受以及幽默自嘲的心理品质。最后，社工参考动机晤谈法的"行为改变损益表"[1]方法邀请案主对"转学"的冲突进行梳理，并建议案主在下次会谈前进一步修改和补充损益分析，为缓解母亲对于转学的担忧以及获得母亲的理解和支持做好功课。

　　在与案主的沟通过程中，社工通过引导案主回顾不同阶段的情绪状态、反思情绪状态与外在环境以及自身应对的关系，帮助案主跳出"受害者"的单一视角，从"应对者"的视角肯定和鼓励案主的努力和应对。同时，社工向案主普及和讲解了性侵被害后常见的应激反应以及应对状态等知识，在一定程度上提升案主对于自身应激反应的理解和接纳，并借助对话、沙盘等方式促进案主的情感察觉、言语化和释放，起到了情绪疏

---

　　〔1〕　"行为改变损益表"是动机式晤谈法的技巧之一。通常用于为改变沉思期的个体提供改变的利弊得失分析。参见〔美〕William R. Miller，〔英〕Stepher Rollnick：《动机式晤谈法——如何克服成瘾行为戒除前的心理冲突》，杨筱华译，心理出版社1995 年版，第 55～57 页。

导和压力缓解的作用。在此基础上，社工将案主与母亲在转学沟通上的"困境"转移到如何减少母亲对于转学的担心、自己对于不听从母亲意见而产生的愧疚以及获得母亲的理解和支持上，进一步提升案主与母亲主动沟通、真实表达的动机，促进转学一致性意见以及家庭统一化应对方式的形成。

表 5 – 1 "转学"冲突分析表[1]

	转学动力	转学阻力
转学	1. 案发环境带来的回避压力	4. 因转学意见不同带来的权威压力（母亲、干妈等）
	2. 害怕被合唱团团员、学校同学以及老师知道真相的人际压力和舆论压力	5. 转学后环境适应以及不可控因素所带来的焦虑
	3. 害怕被人诋毁、打击、报复的人身安全压力	6. 转学所引发的对母亲的愧疚感

（3）家庭会谈。社工 A 和社工 Z 在会谈室等待着案主以及母亲的到来。案主母亲因和检察官谈论案情的进展需要耽误几分钟，所以让案主先进来告知并等待。比起第一次进行家庭会谈时的生疏与紧张，案主似乎很快进入了状态：不像是求助者，而是一幅胸有成竹、蓄势待发的姿态。在跟社工 A、社工 Z 问过好后，案主把书包放到了会议室靠墙的沙发上，然后回到会议桌旁，在社工 Z 身边坐下并和社工闲聊起来。5 分钟后，案主母亲进入了会谈室，并自然地坐到了案主的一侧。

社工在简要回述之前访谈内容的同时表达了自身的感受，

---

[1] 该表为经过家庭会谈最终完善的表格。其中 1～5 是案主在单独会谈的结束部分与社工一起梳理完成的，6 是在家庭会谈后与案主确而补充形成的。

从情感层面引导案主以及母亲聚焦"转学"进行表达和沟通。

- **"儿子，你想好了吗，转学？"**

社工 A：在正式开始之前，我想跟小白以及小白妈妈说一声谢谢。谢谢你们的坦诚和信任，愿意接纳我们，让我们参与到这段特殊而又隐秘的成长经历中，这不仅需要勇气，更需要智慧。我们知道小白和您以及家人做出了一系列的努力，包括一起报案、商量怎么对付同学的追问以及舆论、怎么保护放学时小白的安全，我们看到了小白的勇敢以及妈妈的支持、我们也感受到了这个过程中小白的委屈、难过和无助和妈妈的伤心、愧疚和焦虑，我们更看到了小白想要努力恢复以不让妈妈担心的苦心以及妈妈想要确保小白不再受到伤害的苦心。也许正是这份为彼此担心的苦心让"转学"变得不好开口，所以，我们今天可以借这个机会，把"转学"的事情好好聊一聊，可以吗？

母亲眼角有些湿润，小白似乎察觉到了妈妈的情绪，用左手轻拍了一下母亲，回应道：可以。

母亲：首先，我先表个态吧，我尊重他的想法。我觉得经过之前的会谈，在转学这个事情上我跟他其实没有什么实质上的冲突……

小白略显吃惊地看向妈妈，正想要回应什么，社工打断道：您可以直接跟小白说。

母亲（收起视线，转向小白，呼出一口气问道）：儿子，你想好了吗，转学？

小白（迎上母亲的注视，点头回应）：嗯。

社工 Z：小白，你可以直接告诉妈妈你的决定。就像你妈妈刚才直接跟你说一样。

小白（下意识清清嗓子，回应道）：妈，我要转学。

说完，母子俩相视而笑。

● "嗯，还是得说一声。"

随后，社工引导案主和母亲对"转学"的步骤以及如何跟学校沟通、如何做好转学准备以及过渡进行了沟通。

在转学申请沟通部分，社工询问了母亲之前跟学校沟通的经历以及对学校态度的预估（包括针对学校可能以成绩、拖延申请时间以及对方学校没有指标等理由阻碍转学），并与母亲详细讨论了应对方法（最终母亲表示明天先通过电话沟通的方式跟学校提出申请，再根据学校的反馈决定是否当面沟通。尽量在7月1日前得到学校的肯定答复，如果学校拒绝再通过检察院与教委进行沟通和交涉推进转学进程）；

在转学计划以及过渡部分，社工询问了案主对于新学校的期待以及担心。案主表示新学校是他初中毕业的备选学校之一，而且也有部分初中同学在该校就读，所以对于新学校的适应并没有太多担心。相反，案主对于如何跟现在学校的老师、哥们以及同学交代比较犹豫不决。

小白：我得好好想想。

社工A：好好想想指的是什么？

小白：就是怎么跟老师和同学说转学啊……之前还没怎么细想过。

社工A：嗯，你打算怎么跟他们说呢？

小白：没想好。

社工A：但总不能不说对吗？

小白：嗯，还是得说一声。

社工Z：嗯，明人不做暗事，对么？

小白（笑着回答）：对。

社工在赞赏了案主告别的勇气后，跟案主讨论了各种不同的告别方式以及可能的结果（包括不辞而别、放假时正式辞别、跟老师和同学私下辞别等），并鼓励和建议案主按照自己喜欢的方式跟过去说"再见"。同时，社工与案主约定无论案主采取何种方式进行转学告别，社工都以"见证人"的方式参与其中，并和案主保持联系，分享新学校的点点滴滴。

最后，社工再次向案主以及案主母亲表达了感谢和欣赏，并一起回顾了介入前商量好的服务目标，询问案主以及母亲对于会谈和转学冲突介入的反馈。在案主和母亲表示已经"做好转学准备"后，社工表明如有需要可用电话沟通的方式对于转学的过程以及新学校适应的需求提供相应的帮助。

经过家庭会谈，社工将单独会谈的内容进行了梳理和整合，通过强化案发后案主以及家庭对于性侵害事件及后续挑战的积极应对，引导案主以及母亲聚焦案发后家庭成员的相互支持、彼此体谅和恢复生活原样的努力上，从而促进母子沟通的重点从"转学"的争执很快过渡到"转学"的行动以及应对中，关注当下的应对以及对未来的美好期待，恢复和提升案主以及家庭对于外界变化和生活的控制感，促进案主以及家庭的正向行为改变。

3. 结束阶段

（1）三方会谈。在促成案主以及案主母亲达成转学决定以及转学步骤后，社工陪同母亲就转学申请以及可能出现的困难向检察官进行了说明，并得到了检察院的全力支持。经过三方讨论最后决定，一方面，由案主母亲向学校提出正式转学申请；另一方面，社工尽快梳理并完成案主心理状态以及转学原因分析的相关报告，由检察院结合案情的实际情况，向教委提出相关的转学申请建议。

（2）电话跟进。6月28日晚上，社工与案主母亲进行电话探访跟进转学申请学校沟通的情况，在得知学校对于转学申请的被动态度后，社工及时肯定了案主母亲的沟通努力，并给予案主母亲情感支持；6 月 29 日，针对学校提出对案主转学原因的质疑，社工与检察官进行了沟通，协助检察官积极与教委、团委等相关部门取得联系，并于 7 月 1 日完成了由检察院联合社工机构提供的案主心理状态以及转学原因分析报告。7 月 2 日，检察院正式向教委提出了案主转学的相关申请以及说明。同时，案主母亲在好友（案主干妈）的陪同下跟学校进行正式转学申请会谈。7 月 6 日，社工通过电话得知，校方已经批准了案主转学的申请。

同时，社工从母亲处了解到案主的改变。从 6 月 28 日起，案主开始重新拿起吉他，每天练习《遥远的你》，并打算在放假当天，以弹唱的形式把这首歌送给即将告别的学校和未来的自己……

（六）服务成效

经过近两周（6 月 24 日~7 月 6 日）密集的会谈和跟进，社工采用危机介入模式，运用叙事治疗、认知行为治疗以及萨提亚家庭治疗等多种技巧，为案主以及案主母亲提供了情绪疏导、应激反应正常化心理教育、应对策略分析以及应对动机提升等服务，并基本达成了服务目标。

服务目标	达成情况
快速评估案主当前的心理创伤状态	1. 案主总体上处于心理危机恢复期； 2. 案主典型应激反应表现为"回避"反应； 3. 与案主及母亲形成了以促进"转学"沟通为介入目标的合作联盟。
促进案主以及母亲的真实情感表达	1. 案主对于无助、害怕、不安、孤独、愤怒、自责、愧疚等负面情绪的察觉和表达； 2. 案主母亲对于无助、愤怒、自责、孤独、焦虑、不信任等负面情绪的察觉和表达。

服务目标	达成情况
丰富家庭成员对于性创伤应激反应常态化、正常化的知识以及应对方法	1. 案主对于回避反应的正常化理解和积极应对的自我肯定； 2. 案主母亲对于自身继发性创伤反应、性侵害应激反应的正常化理解和对案主消极应对方式的接纳和认同。
协助家庭成员对转学原因进行理性分析，促进家庭成员的双向沟通，并达成一致性应对意见	1. 促进了案主以及母亲对于转学的换位思考； 2. 延展了家庭议题（关于性侵影响、亲子关系、同伴认同、应对姿态、身心成长、家庭决策方式等）的范围； 3. 形成了更支持案主独立思考以及自我认同的家庭互动方式。
帮助家庭对性侵害以及案件披露后可能带来的负面影响形成合理期待，探索并寻找应对资源，提升个人以及家庭的抗逆力	1. 形成了以家庭为单位的应对方案，并分工明确； 2. 案主母亲作为转学助力者，完成转学申请； 3. 案主作为转学实践者，以独特的告别仪式迈出"辞旧迎新"的第一步。

（七）个案反思

在性侵受害未成年介入这个前提下，我们与本案这对母子相遇。在服务的过程中，社工听到了来自不同主体的声音：

"你们帮我看看，他到底怎么了"——案主母亲是带着问题而来的，是有声的求助者。只不过母亲认为有"问题"或者有需求的是儿子，她是在替儿子求助。

"既来之则安之""习惯了就好了"——案主是被母亲"问题化"的，同时也是藏着问题来的，是无声的求助者。案主的无声有可能源于性侵所涉及的难以启齿的复杂体验，有可能源自青春期自我认同受挫后的抑郁以及对自我选择的犹疑，也有可能是对"明辨是非""明人不做暗事""自有留爷处"等做人信念秉持下的不妥协。

"报警是我妈陪着我去的"——这是家庭曾经发出的声音，是家庭对于"性侵事件"的有力回击；"你们说尊重我的意见，可实际上又反对我"——这是家庭求助的声音，也是因"转学"而让家庭兵分三路的声音：来自有声的反对派（案主母亲以及干妈），无声的坚持派（案主），以及静音的弃权派（父亲）。

当我们沉下心来倾听这些话语时会发现：母亲有声的求助背后是孩子遭受性侵以及案件披露后面对种种变故时内心难以释怀的自责、缺少支持的孤独以及独当一面的无助；案主无声的坚持背后是自己勇敢"发声"后的孤独、案件披露后面对种种变故的无奈以及在坚持做自己和听妈妈的话之间的动摇；曾经站在一条线上的家庭似乎随着家庭成员的各异心事而陷入"转学"的死胡同里，难以步调一致地往前行。而能让家庭快速绕出死胡同的方法，无非是带着家庭成员跳到死胡同的上方，看一看彼此眼前的"路障"，听一听彼此内心的"声音"，捋一捋彼此携手走过的路，让家庭重新找回方向，调整状态再出发。

这也正是社工努力介入的方向和步伐——给予足够的情感支持和应对支持让家庭成员暂时"跳起来"，并帮助和引导他们去看到、听到以及照亮自己和彼此的心路历程……于是，我们听到了"儿子，想好了吗？转学"以及"妈，我要转学"的对话。

尽管我们清晰地知道此时此刻"转学"就像当初的"报警"一样，也许只能让案主和家庭暂时回到被性侵案件打破的平衡中，性侵给案主和家庭带来的伤害还会以不同的面貌出现在家庭的旅途中，掀起波澜。但在我们与案主家庭短暂的相遇前行中，我们看到了案主和母亲应对"性侵受害"的勇气和智慧，也看到了家庭成员彼此关照的能力和资源。我们被案主和家庭面对挑战和挫折的韧性所感染，更被述说和重构创伤经历的力量所鼓舞。我们坚信这份韧性和力量会继续陪伴案主以及家庭不断前行，前路道远且阻，案主或有停顿，但不会停滞不前。就像他透过歌声告诉世人或者遥远的自己那样，"七月的风，八月的雨，卑微的我喜欢遥远的你，你还未来怎敢老去，未来的我和你奉陪到底"。

三、性侵未成年被害人案例评析

（一）个案服务评估

上述案件是面向强制猥亵未成年被害人家庭的心理困扰提供的心理救助服务。在服务的过程中，社工根据性侵案件的类型、案件发生的时间、受害人的性别、受害家庭的应激状态以及当前需求、受害家庭的应对资源以及社会支持等为案主以及家长（母亲）提供了短时、结构化的危机介入服务，从而在很大程度上有效缓解和疏导案主以及家长的负面情绪，促进和恢复家庭对"转学"的良性沟通，从而在短时间内帮助家庭发现、发挥内部资源，并发展出阶段适应性的、家庭支持性的应对方式。

在案例分享中，我们可以清晰地看到社工如何聚焦"转学"冲突，引导家庭成员对性侵受害经历（包括披露后的连锁反应）后的"回避"姿态进行解构，并通过对话形式较为完整地呈现出如何采用家庭会谈、个别会谈、沙盘游戏、动机晤谈、叙事治疗等多种形式和技巧促进案主以及母亲对"回避"姿态（包括回避案发地点、回避团员、回避唱歌练琴、回避母子之间的冲突以及深入交流等）背后的情绪、认知、应对以及期待的表达、接纳和调节的过程。其中，社工在服务预估、服务对象的定位、服务设置以及不同阶段的社工角色定位上体现出了性侵未成年被害人社工个案服务的专业化特点。具体表现在以下方面：①注重对介入前工作的资料收集和多方沟通；②体现对性侵未成年被害人的性别照顾；③注重对性侵未成年被害人的心理应对状态评估和情绪疏导；④注重对于性侵未成年受害家庭的整体应对评估和情绪疏导；⑤注重关于心理危机应激反应的正常化教育；⑥强调从家庭层面挖掘、发展应对资源；⑦强调社工、案主和家庭对性侵受害经历的共同建构，尊重和鼓励家庭以独特、灵活、适应的方式应对困境。

下面，我们将结合政策法规、相关理论和助人工作实践要点对性侵未成年被害人的专业化个案介入服务进行简单的梳理和回顾。

（二）理论知识回顾

如果没有外界的干预，性侵犯现象是不会自动停止的。美国一项研究表明，每位男性侵犯者平均侵犯过 150 名孩子（Albe et al.，1988）。受害儿童如果未能及时得到有效帮助，那么他们将遭受严重的近期以及远期精神创伤，从而破坏其身心发展（Beitchman et al.，1991，1992；Briere & Runtz，1998；Fergusson et al，．1996，1997；Kendall-Tackett，Williams & Finkerlhor，1993；Mullen et al.，1994）。[1]同时，心理学研究表明，在儿童时期反复遭受性侵，不仅会给受害者身心层面带来巨大伤害，更影响受害者健全人格的发展。他们中的一部分通过

---

〔1〕 龙迪：《性之耻，还是伤之痛——中国家外儿童性侵犯家庭经验探索性研究》，广西师范大学出版社 2007 年版，第 5 页。

"向受害者认同"[1]，在今后的生活中强迫性重复这种受虐体验，让自己不断处于这种危险关系和被害境遇中，从而难以建立和融入安全正常的生活圈子，变成真正的受害者，例如斯德哥尔摩综合征；还有一部分通过"向加害者认同"[2]，在成年后以施暴者的身份对待儿童，发生"恶逆变"[3]，从被害人变成犯罪人。

综上，无论是从儿童性侵犯预防还是儿童性侵犯受害群体权益保护，及时、专业、有效、系统的介入都是不容置疑的。而作为面向儿童性侵犯受害群体提供权益保护的社工来说，及时的介入、专业的视角、有效的方式以及系统的救助缺一不可。

1. 及时介入的政策支持和实践基础

近几年，我国在政策法规层面逐步加强和完善对遭受性侵犯儿童的权益保护。我国《未成年人保护法》《刑事诉讼法》《关于依法惩治性侵害未成年人犯罪的意见》等法律和司法解释规定了未成年人在诉讼中所享有的各种权利，包括隐私权，知情权，参与权，赔偿请求权，获得法律援助、国家救助权，法定代理人到场权等。在《民法典》中还对未成年人受到性侵害案

---

〔1〕　向受害者认同是一种防御机制，即个体通过容许自己或者通过使自己受到伤害来让自己表现得像另外一个人。可以简单理解为个体让自己成为"一个愿打，一个愿挨"中的后者。具体内容可参见﹝美﹞J. 布莱克曼：《心灵的面具——101 种心理防御》，毛文娟、王韶宇译，郭道寰审校，华东师范大学出版社 2009 年版，第 46 页。

〔2〕　向加害者认同是一种防御机制，即个体以虐待的方式对待一个人，因为自身曾经遭受虐待。可简单理解为个体用"以牙还牙，以眼还眼"的方式来处理让自己感到烦恼的关系。具体内容可参见﹝美﹞J. 布莱克曼：《心灵的面具——101 种心理防御》，毛文娟、王韶宇译，郭道寰审校，华东师范大学出版社 2009 年版，第 45 页。

〔3〕　恶逆变，即指被害人转换为犯罪人的现象。具体内容可参见兰跃军、廖建灵："作为一种犯罪现象的被害人'恶逆变'"，载《上海法学研究》2019 年第 3 卷。

件的民事诉讼时效作出重要调整。

在性侵案件未成年被害人的综合救助实践层面，全国多地（如北京市、上海市、浙江省等）将司法保护与社会化救助相结合，为充分保障未成年受害人权利提供落地支持。以北京市朝阳区为例，朝阳区未检处在推进性侵案件未成年被害人"专业化"办案、"一站式"取证工作的同时与朝阳区法院、区公安局、区团委、区民政局相关部门以及社会组织（包括司法社工机构、心理学会以及各类志愿组织）建立了广泛、长期的联系，通过整合社会力量，从法律援助、提供心理支持、协调社会救助、推进性侵未成年被害预防教育等多方面搭建了面向性侵案件未成年被害人综合救助保障网络。而这个区域化的综合救助保障网络为上述案例中社工的及时介入和多方沟通提供了政策支持和平台保障。

2. "性创伤"社会建构视角的理论支持

从社会学的角度来看，"性创伤"的重点在于创伤事件的社会过程，所谓创伤是在社会过程的作用下被概念化了事件意义的属性的"社会事实"。[1]因此，我们可以从社会和过程、空间和时间、横向和纵向等不同维度来建构或者解构"性创伤"这一"社会事实"。这是社工在介入性侵案件未成年被害人前的必修课。

西方学者从20世纪90年代把儿童性侵犯现象的研究视角从受害者本人转向对儿童性侵犯的家庭支持研究。研究表明，"家庭支持"比"性侵犯事件"以及"个人特征"更能影响受害者

---

〔1〕 隋双戈："性侵害创伤干预模式、性侵害PTSD患者心理社会因素及脑结构功能特征研究"，中南大学2010年博士论文。

的创伤康复程度。[1]在理论建构方面，西方学者陆续发展出家庭应激理论、家庭系统理论、社会性别视角和家庭抗逆力视角。通过将家庭作为有独立性格和特征的实体，把性侵被害儿童的创伤体验和演变经历从"个人"扩大到"家庭"，同时也把性侵这一危机事件的应对扩展到家庭功能挑战和家庭应对策略层面。

我国学者龙迪把儿童性创伤的研究视角从家庭扩展到了社会以及文化的时空建构中，以社会建构主义的视角从个人、家庭、社会/文化三个层面搭建了个人创伤经验、家庭关系系统、家庭抗逆力、文化/性别以及大系统之间的中国家外儿童性侵犯家庭经验的理论框架，从横向即个人与家庭、家庭与社会（大系统）和纵向个人创伤、家庭抗逆力以及文化/性别两个维度立体、动态地解构了性创伤社会现实的形成过程（图5－1[2]）。

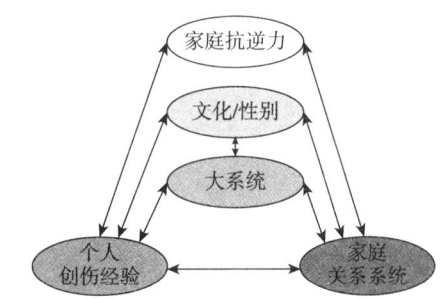

图5－1　性创伤社会现实的形成过程

从上图可以看出，图中的五个部分是相互管理、相互影响的。

---

〔1〕　龙迪：《性之耻，还是伤之痛——中国家外儿童性侵犯家庭经验探索性研究》，广西师范大学出版社2007年版，第24页。

〔2〕　龙迪：《性之耻，还是伤之痛——中国家外儿童性侵犯家庭经验探索性研究》，广西师范大学出版社2007年版，第70页。

其中，"个人创伤经验""家庭系统经验"与"大系统"（社会）以循环因果的方式相互影响；"文化/性别"在塑造"个人""家庭"以及"大系统"（社会）的同时，也被后三者所塑造；"个人""家庭""文化"相互作用，在建构"个人"和"家庭"创伤经验的同时，具有培育"家庭抗逆力"的潜力[1]。参考上述概念框架，社工在提供性侵案件未成年被害人的性创伤介入中，不仅要考察家庭成员的反应、家庭结构的功能以及家庭应对的能力，还要在更广阔的层面反思家庭所处社会系统、主流文化给家庭以及个人层面带来的空间和限制，以此觉察和减少对于受害者个体以及受害家庭的责备和加害，从而帮助家庭在特定的社会—文化—历史背景下应对儿童性侵犯这一危机事件，寻找和发展出家庭自己独特的创伤应对故事。

从上述案例分享中，我们看到社工具备了从社会—文化—历史角度去看待、反思、评估以及介入性侵案件未成年受害家庭的意识和实践能力。例如，在预估阶段从个人、家庭、学校以及社会层面对强制猥亵发生后以及案件披露后案主、母亲、亲友、同学等不同主体的反应以及应对进行了梳理，并以此制定了以案主以及母亲为服务对象，以家庭抗逆力为支点促成家庭应对行动的介入计划；在介入的过程中，社工透过对话，影响和引导案主以及母亲形成创伤应对经验，促进家庭抗逆力的提升。此外，社工还从文化和性别层面敏锐地觉察到了"贞洁"对于性侵案件男性被害人的"宽容"以及性别角色期待（"男子汉"）对于性侵案件未成年被害人的"责难"以及这两者之间的冲突给处于青春期的案主以及家长带来的认同压力。

---

〔1〕 龙迪：《性之耻，还是伤之痛——中国家外儿童性侵犯家庭经验探索性研究》，广西师范大学出版社 2007 年版，第 70 页。

3. 有效介入的策略及工具

来自心理学、精神病学、社会工作以及医学等领域的大量研究表明：性侵犯是影响儿童精神健康的重大风险因素之一。儿童性侵犯被害经历往往使被害人以及整个家庭陷入危机状态中。国内外学者从危机状态评估、危机发展阶段、危机干预步骤以及技术等层面对危机干预的策略进行了系统研究和梳理。

（1）有效的危机干预取决于准确的评估。在心理危机干预中，评估是进行干预的前提条件，并且贯穿干预过程的始终，干预者对身处危机中的当事人进行持续评估，并根据当事人的反应灵活地调整干预策略。评估的内容主要包括个体经历的突发事件的性质、个体的生理和心理反应、个体采取的应对方式以及社会支持、有利资源等[1]。

在上述案例中，社工根据危机事件发生的时间、危机事件性质、案主以及母亲当前身心状态、案发后至今持续的应对方式以及社会资源等各个方面进行了综合预估。同时在介入过程中，社工灵活运用10点自评法、沙盘游戏等方法持续关注和跟进案主身心状态，为介入方向的设计以及服务的提供了有力支持。

在实务工作中，我们也可以借助一些心理学量表如 SDS（自评抑郁量表）、SAS（自评焦虑量表）、QSA（自杀态度问卷）以及社会支持量表等进行系统评估，帮助社工对案主的急性症状以及严重心理不适问题进行识别和评估，以减少自我伤害行为甚至自杀等极端情况的出现。

（2）介入目标的设定需考虑危机发展阶段性特点。心理危机的产生、发展及激化经历着复杂而微妙的心理过程。通常认

---

〔1〕 李建明、晏丽娟："国外心理危机干预研究"，载《中国健康心理学杂志》2011 年第 2 期。

为，个体由危机出现到恢复平衡一般需要 6～8 周，危机的持续期为 4～6 周。心理学家把心理危机发展以及应对的过程分为 4 个阶段，包括冲击期、防御期、解决期和成长期。根据个体所呈现的危机发展状态以及个体差异，社工个案服务的"聚焦点"有所不同。例如，对于危机发生不久（48 小时以内）的个体即危机冲击期，服务应聚焦于安全层面，即从确保情境的安全性、建立安全信任的关系、提供情绪支持和生活关怀入手；对于体验到更多认知冲突、心理纠结状态的个体（防御期），服务则聚焦于负向情绪的宣泄以及非理性认知的调整上；对于解决期的个体，服务则更多从行为层面（包括自我情绪调节、形成合理期待、丰富应对技巧等）进行介入。而对于个体在危机事件后 3～6 个月或者更长时间内出现的慢性、延迟性的心理不适问题，则更多考虑使用心理治疗模式进行长期、治疗性、系统性的介入。

在上述案例中，社工在对案主做出处于危机发展"解决期"的评估后，将服务目标聚焦于"转学"冲突的化解以及家庭应对的恢复上，充分体现了危机干预的快速、短期、密集介入的优势，从而确保了危机介入目标的达成。同时，在预估过程中，社工不仅从危机介入层面对案主的心理需求进行了阶段性分析，还从心理社会治疗模式的角度结合个人成长经历、青春期心理特点、依恋关系以及家庭背景等多个人应对姿态的深层次原因进行反思，从尊重个体的独特性、完整性和能动性层面提升对案主当前状态以及应对方式的理解和接纳，从而提升社工对于介入过程的把控性和灵活性。

（3）介入策略的灵活性和丰富性。目前国际上还没有一个统一的危机干预模式，但是所有干预模式的目标是一致的，即减轻危机受害者的急性症状，恢复其主动性，从而防止或减轻心理创伤和创伤后应激障碍（PTSD）的发生。尽管不同流派对于急性症状介入的侧重点有所不同，但可以从情绪、认知、行为以及社会支持四个层面对现有主流的危机干预策略进行梳理。

例如，在情绪层面，社工可以透过及时介入、积极关注、共情式倾听、情感反映、情感言语化等技巧促进案主进行情绪觉察、情感表达和情感宣泄；在认知层面，社工可以透过开放式提问、具体化和澄清、叙事问话技巧（例如外化式问话、独特结果问话、重构式问话、未来问话等）、非理性信念识别、应激反应正常化心理教育等技巧引导案主进行认知调整和认知重塑；在行为层面，社工可以透过放松训练、动机晤谈法、心理晤谈技术（CISD）、眼动脱敏再处理疗法（EMDR）等技巧帮助案主恢复和提升对于自身和外在环境的控制感和效能感；在社会支持层面，社工可以透过挖掘、调动和发挥社会支持系统（如家庭、同伴群体、学校以及专业资源等）帮助案主建立、恢复和增强社会支持性，以减少案主的孤独以及自我隔离，从而提高案主的融入感和归属感，促进其恢复正常生活。

此外，在性侵案件被害人（尤其是未成年被害人）的专业救助服务中，我们需要重点考虑未成年被害人的年龄阶段、性别以及与性相关的禁忌等因素，在介入中可以通过匹配同性别社工、采取艺术治疗（如绘画、沙盘等）等方式缓解未成年被害人的紧张和不适，促进服务关系的建立和形成。

在上述案例中，我们可以从服务计划的设计以及介入过程中发现社工从情绪疏导、认知调节、行为促进以及社会支持四个层面逐步推进和深入服务，并充分考虑到案主的性别以及年龄特征，在服务设置上匹配了两名社工采用家庭会谈和单独会谈的形式对案主以及母亲进行介入。从服务的对话部分我们可以发现，社工采用了萨提亚家庭治疗、理性情绪疗法、叙事治疗、完形治疗、动机晤谈、艺术治疗等多种治疗流派的技巧，具有较为丰富的社会学、社会工作、心理学以及危机干预心理教育知识，具备良好的访谈对话能力、共情能力、家庭访谈能力以及个案把控能力。在社会支持介入层面，社工更多从生态系统理论的视角出发，从个体优势（案主以及母亲）、家庭支持系统（家庭成员以及亲友支持）以及社会支持系统（学校、检察院等）等层面帮助案主以及家庭获得社会支持和自我肯定。由此可见，在面向性侵案件未成年受害人的个案服务中，社工可以通过灵活运用各种介入策略，促进和发挥介入策略的"工具理性"，从而为实现社会工作者的支持者、咨询者、使能者以及关系协调者等角色的"价值理性"提供现实支撑和实践路径。

4. 性侵犯未成年受害群体的权益保护是一个系统工程

儿童性侵犯的创伤经验是一个持续改变的动态关系过程[1]。不仅涉及儿童自身身心健康水平以及成年后的社会适应能力，还影响家庭成员的身心状态（继发性创伤反应）、家庭结构的稳定以及家庭适应能力。因此，在为性侵犯未成年受害人提供服务时，我们需要以"未成年受害者"以及"受害家庭"为中心将个体以及家庭层面的生理、心理、社会需求纳入需求预估中，形成促进未成年人健康成长以及保障有效监护的长期化、系统化、综合化的服务方案，并通过未成年性侵犯以及未成年权益保护所涉及的所有部门的跨部门、常态化、专业化的合作和支持，帮助其解决法律、生活、医疗、心理、教育以及就业等方面的问题，促进受害未成年人以及家庭的创伤自愈，培育和营造安全、关怀以及支持的良性社会氛围。

另外，对于遭受家庭内部成员性侵犯的未成年人群，我们

---

〔1〕 龙迪：《性之耻，还是伤之痛——中国家外儿童性侵犯家庭经验探索性研究》，广西师范大学出版社 2007 年版，第 457 页。

更多以"未成年受害者"为中心从家庭监护干预层面采取快速、有力的措施，在确保受害群体脱离危机情境、保障人身安全、恢复正常生活的前提下，逐步推进心理康复、社会融入、创伤自愈的系统服务。

在上述案例中，社工为我们呈现了一个运用个案工作手法对性侵未成年被害人以及母亲提供了短期、密集、有效的危机干预的过程。但我们需要清晰地认识到这是性侵未成年受害人创伤修复介入服务的"个例"。基于该案例中案主所具备良好的心理品质（如积极的归因方式、正向的价值观念、良好的自控以及情绪调节能力、安全的依恋关系等）以及较好的家庭支持（健全的家庭结构、稳定的家庭关系、良好的情感支持功能、灵活的家庭应对方式、有力的家庭资源等），案主的需求更多地聚焦于由性侵案件披露后的舆论压力和转学冲突所引发的心理困扰上，在生存、安全、情感支持、自尊层面并未受到明显影响。可以说，案主个体以及家庭所具备的能力为应对性侵受害危机提供了保护性因素和修复优势，在此基础上，社工通过聚焦此时此刻的心理困扰，充分调动和强化个体和家庭已有的应对资源，及时植入和丰富家庭外部的社会支持，从而确保了以危机干预为模式进行创伤修复服务的阶段性和有效性。

在我们所接触到的性侵受害群体中，相较于案例中所呈现的短期性介入、阶段性调整的个案工作模式，大部分性侵未成年受害者需要长期性、综合性、系统性的个案管理服务支撑，尤其是对于那些自身应对能力不足、家庭支持有限、社会资源缺乏的性侵未成年受害群体来说，性侵犯创伤的修复以及愈合是个艰难漫长的过程，而个案管理为受害群体所面临的生理损伤、心理创伤、经济窘迫以及社会适应等困境提供了多部门合作和多资源协调的行动框架和系统支撑。尽管如此，上述案例所展现的服务理念、服务需求的界定、服务过程、介入技巧以及对于男性未成年性侵受害者的关注对于提供这一人群个案服务的社工来说都具有很好的借鉴性和参考价值。

四、小结

Ullman（2003）综合评述有关披露儿童性侵犯的经典研究后指出，近1/3 在童年遭受过性侵犯的女性会终生缄默，很多人时隔数年后才会说出，因为她们害怕遭到拒绝和责备[1]。国内暂时没有相关研究结果，但鉴于我国性文化特点以及儿童性犯罪法律法规完善的程度，敢于主动披露儿童性侵犯经历的受害者或许更少，勇于通过报警而发声的性侵犯案件未成年受害群体更是"冰山一角"。

透过上述案例的分享以及理论梳理我们发现，无论是短期介入还是系统支持，社工的专业介入为打破沉默、勇敢发声的性侵案件未成年被害人提供了安全述说、全心倾听、支持陪伴的空间，在这个空间里，社工和案主一起面对或来自外界，或来自家人，或来自自我的拒绝和责备，寻找和创造来自内在、家人以及外界的接纳和赞扬，然后带着这份自我接纳和自我欣赏，向来自性侵犯这把生命难以承受之重的斧头留下的伤口，注入"自我征服"的审美价值，在重新启程的路上，雕琢属于自己的人生。

---

〔1〕 龙迪：《性之耻，还是伤之痛——中国家外儿童性侵犯家庭经验探索性研究》，广西师范大学出版社 2007 年版，第 14 页。

第六章　偏差青少年

　　根据本书第一章对偏差青少年的概念梳理，可以发现"偏差青少年"和"越轨青少年"，这两个概念都是从我国对未成年人开展的预防犯罪工作中逐步提炼出来的。当今多数学者在研究中对"偏差青少年"与"越轨青少年"两个概念暂未做具体区分。本书将统一使用偏差青少年概念，并将偏差行为界定为违反或背离某一特定的社会规范、社会准则的行为，既包含不良行为或违反社会伦理、道德习俗的行为，也包括触犯法律法规的行为。

　　青少年的"偏差"行为实际上是个体与社会规范之间不断摩擦冲突的过程，而从小到大、由少变多逐渐积累加剧，如果此过程中没有得到有效的干预控制，便呈现出不良行为（旷课、夜不归宿；携带管制刀具；打架斗殴、辱骂他人；强行向他人索要财物；偷窃、故意毁坏财物；参与赌博或变相赌博等）——严重不良/违法行为（结伙滋事，强行索要，偷窃赌博，吸毒淫乱等）——犯罪行为的递进演化路径。

　　青少年的偏差行为是一种复杂的社会现象，且随着社会的飞速发展，当今青少年身心状态发育日渐提前，犯罪也逐渐呈现低龄化趋势。犯罪形式、形态与恶性程度在不断变化，对社会综合治理提出了新的挑战。偏差行为不仅伤及青少年自身成长，也影响社会稳定，及时关注青少年偏差行为，依靠专业力量矫正早期偏差行为，对预防犯罪有深远意义。

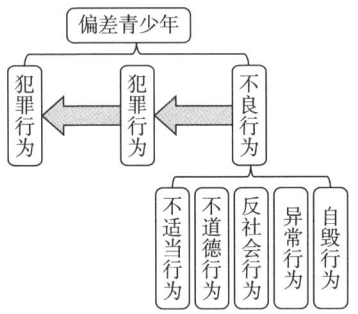

图 6 - 1　青少年偏差行为

第一节　偏差青少年的问题和需求分析

一、群像素描

偏差青少年是困境青少年群体中数量最小，但问题表征交叉叠加层次最多的一部分特殊群体。

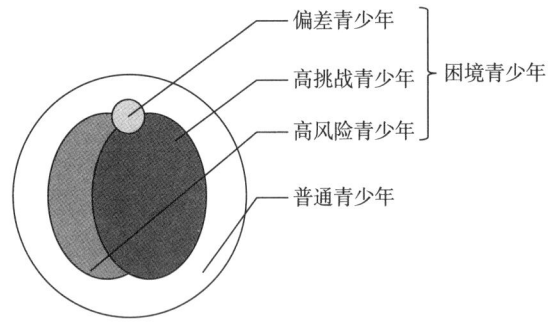

图 6 - 2　群像素描[1]

---

[1]　当前国家民政部和国家统计局针对上述各类青少年的数据尚未公示，因此，本图只做逻辑概念上的梳理，圆圈大小并不表示实际占比。

　　我们在实务工作中发现多数偏差青少年的家庭监护缺失，存在一定的高风险因素。具体问题表征如下：①个体特质层面，普遍存在情感、情绪、自我效能等问题，如情感缺乏、冷漠内向，自我放弃、自我认识模糊、自信心不足、自卑感强、社会适应能力不足；②薄弱的规矩意识，思想道德、法律意识淡薄，且心智的不成熟，较强叛逆心理；③不良的金钱观，重金钱轻文化、拜金主义倾向；④学业困难，厌学、逃学、辍学，自认不是读书材料；⑤较早与较频繁的不良行为如打架、逃学等违纪行为以及吸烟、酗酒等危害健康的行为；⑥不完全的社会化，家庭功能的缺损，结构不完整或教养方式不当，父母关爱匮乏、亲子关系疏离、情感慰藉弱、缺少沟通、少监管；⑦不良同伴接触与暴露史，不良团体诱惑、混圈子、混帮派等；⑧文化传递缺失，缺少正确恰当的行为规范、价值观念、生活习惯指导；⑨缺少社会支持，抗压能力弱，处理不良情绪遇突发事件反应策略不当等。

二、需求分析

　　偏差青少年这一群体极容易被冠上或轻或重的标签，现实生活中他们在被对待时的"问题为本"视角也是难以避免，甚至他们自身对于被当成问题青少年对待也已经习以为常。"需求为本"的视角是科学有效矫正与帮扶的前提，因此对该群体进行需求分析显得尤为重要，对应其问题表征与诱发偏差的因素，这一群体的基本需求主要集中于：

　　1. 行为阻断

　　青少年处于特定的年龄阶段，心理发育与社会化程度都在急剧变化中，处于一个不成熟、不稳定的自我构建过程中。这就决定了青少年群体的偏差行为与成年人相比有着显著的特征，主要体现在较大随意性、盲从性和易变性，很多偏差青少年由于心智不成熟，好奇心强，一个单纯的不良动机，在受煽动或者盲目模仿下都可能衍生为偏差行为。恰恰也是因为其行为意识不强，动机不稳定，外界的情境和刺激发生变化会导致其走向截然不同的方向。多数偏差青少年存在侥幸心理，偶尔产生的偏差行为没有得到及时的惩罚或者侥幸逃脱，使其觉得有机可乘，而慢慢地这种偏差行为就变成了习惯且很难矫正。"勿以善小而不为，勿以恶小而为之"，越早进行不良行为的阻断，越能有效预防偏差的扩大与深化。

2. 自我概念完善

清晰明确的自我概念认知有利于减少和预防偏差行为。"自我概念是指偏差青少年的独特思想价值观念知觉和对事物的态度。"[1]根据埃里克森提出的八阶段理论，青少年时期的首要任务是自我同一性和角色混乱的冲突。自我意识发展不够完善，无法形成适当的自我评价，自我监督和自我控制水平不高，容易导致偏差行为的产生。因此，此阶段偏差青少年亟需外力的协助来增强必要的能力和经验来调和本我和超我的严重冲突，处理自身需要与社会规范之间的关系，协调自我与环境的互动，学会接纳自我，并逐渐构建实现自我价值的正确途径，加强自我管理能力，建立个体的价值体系并使之符合现实世界的需求。

3. 规范内化

偏差行为产生的根本原因不外乎缺乏应有的社会生活规则意识，对偏差的矫正和青少年的教育是一种社会化的完善或者再社会化过程，必要时司法机关或者相关部门应采取适度的强

---

[1] 昌永菲、费梅苹、黄丹青："社会工作视角下的偏差青少年自我概念干预"，载《当代青年研究》，2014 年第 5 期。

制性规范内化的方式，通过思想引导、法制教育、公益服务、感恩教育、生命教育等形式弥补其在家庭、学校层面不完整的社会化教育，使其重新习得社会的伦理、道德、法律、行为规则等并逐渐转化为他们的自觉、自愿的行动。

4. 家庭功能恢复

家庭是个体接受社会化的第一个场所，家庭环境对一个人从出生到完全适应社会并在社会中生存和发展起着极其重要的作用。家庭环境与儿童的人格特质高度相关，教养方式对个体心理和观念具有强大的渗透力和塑造力。家庭环境的恶化是形成其不良人格与日后偏差行为的重要原因。改善偏差青少年家庭环境，畅通亲子的言语沟通与情感沟通，提高亲情的依恋程度，强化家庭的情感纽带并发挥其社会控制功能，可以防止偏差行为再生。

5. 亚文化脱离

同伴或者同辈群体属于亚文化群体，其成员一般在年龄、地位、知识背景、兴趣爱好等方面较为接近，互动频繁，关系密切，群体内部意见容易沟通，达成共识。同伴关系是青少年之间的人际关系的重要部分，主要指同龄人之间或心理发展水平相当的个体之间在交往过程中建立和发展起来的一种人际关系。这个年龄阶段渴望且重视跟同辈群体的交往，其影响甚至超出了父母和教师。

"近朱者赤，近墨者黑"，正面积极的同伴关系会起到激励作用，而偏差青少年一般受到不良同伴关系的怂恿和唆使，误入歧途。因此正确的社交指导，脱离不良亚文化群体对偏差青少年尤为重要。

6. 职业指导

偏差青少年多数学业中断，缺少对未来的规划，游戏人生、混日子或自卑逃避，惧怕挑战的心态者兼而有之。缺乏一技之长和立身之本使其无法在未来社会上立足，存在极大再犯风险。偏差青少年群体需要立足长远，为未来职业生涯做准备，发展符合社会期望的技能，努力表现负责任的行为。

7. 社会融合

偏差青少年的回归是一项社会系统工程，离不开良好的社会氛围。优化社会环境，减少不良社会风气对青少年群体的侵扰；减少对有偏差行为青少年的排斥心理与负面评价；不仅通过惩罚，还通过科学的、规范的矫正、教育，鼓励有偏差行为的青少年积极参与社会活动，重新获得社会接纳和认可以回归主流社会，都需要社会各界协作努力，共同对青少年偏差行为给予关注并施以影响。

实务工作中，同一种青少年偏差行为的表现背后呈现的问题成因不尽相同，在重视把握共性规律的同时，要在具体个案中全面了解其背景，通过严格全面的调查分析，从个性化的、差异化诉求出发，循证确定各有侧重的个性化的解决方案。

第二节 案例分析

一、案例介绍

（一）背景资料

2018 年，北京市方舟社会工作发展中心受北京市某区检察院委托对方某开展涉罪未成年的社会调查与观护帮教。

方某，16 岁，北京人，某职高在读学生。2018 年 8 月某日，犯罪嫌疑人方某伙同其同学好友王某通过破坏摩托车车把锁和连接打火线的方式盗取了两辆摩托车，并行驶至网吧上网。

次日凌晨 2 点，二人骑车从网吧回来，在地下车库停车时被警察抓获。经调查，方某在 8 月期间共参与盗窃摩托车 5 次，盗得摩托车 6 辆，其中 4 辆被警察带走，2 辆被卖掉，共计获利2100 元。

方舟社会工作发展中心受委托对方某的成长历程、家庭关系、监管教育、社会背景等情况做了调查，探寻导致其行为的心理动机，结合其悔罪态度，检察机关综合评估对其作附条件不起诉处理，同时设定 6 个月考察期，督促涉案人在考察期内履行相关的社会服务义务，接受社会工作机构的帮教。

（二）案主问题呈现与需求评估

机构采用深度访谈和心理测评的方法对方某及其父亲进行了调查，收集了其成长历程、原生家庭结构、家庭关系、社会背景等情况，探寻导致其盗窃行为的心理动机；了解引发案主选择盗窃的具体原因、借助专业量表测量案主人格特性及心理健康状态。

1. 一般资料

方某身体健康状况良好，智力水平、精神状况正常，现在某职高汽修专业在读。交流的过程中方某语速适中，话语清晰，精神状态较为轻松，坐姿放松且自由。

2. 社工观察

方某在回答社工问题时，与社工进行了较多的眼神交流，在谈话的过程中没有过于草率的回答，而是经过自己的回忆和思考后给出答案。当社工邀请其父亲参与访谈的时候，方某反应强烈，脏话脱口而出，表示出不想让父亲知道刚才访谈内容的话语，对其父亲存在一定的抵触。

3. 深度访谈

遵循从一般信息到非敏感性信息再到敏感性信息的访谈路

径，渐进性收集其所面对问题的信息资料，归纳如下：

（1）不良行为习惯：上网、打游戏。

（2）偏差行为：打架斗殴、盗窃车辆、早恋。

（3）学业表现：在小学时成绩中等，初二后成绩下降，放弃了学习，初二下学期开始搞对象并因为打架进过看守所，被学校劝退，后转学到职业学院学习汽修技术。

（4）家庭环境：家庭经济水平尚可，无过大经济压力，原生家庭结构完整但家庭氛围较为紧张，父母之间经常争吵。方某父母之间关系存在裂痕，母亲有想要离婚的想法，而父亲则表示夫妻二人都是性格比较直率的人，因此在生活中遇到矛盾会比较大声地辩论。方某认为在父母二人的关系中母亲处于弱势地位，因此他更多帮助母亲对抗父亲，并认为是父亲的错误导致父母之间关系的破裂。惧怕父亲，关系疏离紧张，与母亲关系较为紧密。

（5）人际关系：3年内谈了10个女朋友，频繁地更换女友，且大部分女友比自己年龄大。在生活中，方某不信任别人，自述在学校中的朋友较多，但多为表面朋友，这与人格量表中的高 E 值相符。没有交心的朋友，因为他认为一件事情如果不想让第三个人知道，那么也绝对不能告诉第二个人。因此，他与人的交往仅限于日常的互动，并不会让他人走进自己的内心。

（6）生活负性事件：方某 6 岁时，父母之间的矛盾和争吵影响到自己的睡眠，为了保护妈妈不被爸爸欺负，他经常强迫自己不睡觉，并在这次事件中坚定地认为是父亲做错了。但他明确表示不想告诉社工这件事具体是什么，也不想让其他人知道这件事，可见其对父母之间的事存在一定的想法，而这一想法对其产生了较为深刻的影响。

4. 测量评估

（1）人格特质：性格外向，爱社交，喜欢冒险，反应快；情绪不稳定，焦虑，易怒，对各种刺激的反应都较为强烈。

测评工具：艾森克人格问卷（EPQ），测评维度为内外向性（E）、神经质（又称情绪性）（N）、精神质（又称倔强、讲求实际）（P）、掩饰性（即测谎量表）（L）。

测评结果：P分值（精神质）：T＝43.61，中间型（正常），该分值属于常模中的正常分值。这一得分的人往往有较好的适应性，具有与人和谐相处的能力。

E分值（内外向性）：T＝58.16，倾向型（较高分），属于高分倾向。这一得分意味着方某平日里性格较为外向，渴望冒险和刺激，情感上容易冲动。根据方某的自述，他此次偷盗摩托车也是一时之间经王某提议才决定参与的，并没有经过认真的考虑，可见他在行事方面的确容易冲动。

N分值（神经质/情绪性）：T＝61.15，倾向型（较高分），与典型仅差0.05分。这一分值的人往往容易焦虑紧张，情绪起伏较大，易激动，遇事反应较为强烈。

L分值（掩饰性）：T＝44.4，中间型（正常），这一分值的人平日里与人交流有一定的分寸，掩饰性不高也不会轻易相信别人，属于正常情况。

（2）社会支持。

测评工具：社会支持评定量表（SSRS）。

测评结果：方某的客观支持得分为6分，主观支持得分为13分，利用度为6分，由此可见方某的社会支持网络处于中等偏下的情况。

根据方某在量表上的选择，同时结合方某的自述，社工发现方某的社会支持系统在他的成长过程中发挥的作用并不明显，尤其值得注意的是，方某在面对困难时宁愿向同学求助，也不会向家人求助，这一点与我们所了解到的方某的家庭结构及家庭关系结果互相印证。表明方某的亲子沟通机制并不顺畅，家庭成员之间的互相支持匮乏，也正是因为这样，促成了方某不愿意向他人求助的性格。

（3）生活压力。

测评工具：青少年生活事件量表，适应于对青少年尤其是中学生和大学生应激性生活事件发生频度和应激强度进行评定。

测量结果：方某的人际关系得分为 13 分，受惩罚得分为 11 分，学习压力得分为 5 分，丧失因子得分为 3 分，健康得分为 4 分，其他得分为 4 分。

在这一量表中，我们同样发现方某在平日的生活成长过程中，人际关系是对他影响最大的，与访谈相互印证。根据方某自述，在他 6 岁时候家中发生过一件他不愿意讲述的事情，这一事情的发生对方某的成长造成了极大的影响。一是事情发生时方某仅有 6 岁左右，处于心理健康成长的奠基期；二是该事件也是后续其父母之间争吵的导火索，让方某长期处于争吵家庭环境下。除了人际关系得分之外，最高的就是受惩罚得分，这意味着方某本人对规则的感受力较强，有利于后期帮教过程中帮助其树立规则意识和法律意识。

（三）案主核心问题界定

1. 偏差行为原因分析

方某坦承自己的盗窃行为是受王某怂恿且并不知道王某是存在前科的，在偷盗摩托车的过程中听从其安排，由王某负责接线，自己主要负责握住车把和放哨。个人悔罪态度良好，认识到了自己行为的错误，并表示以后会减少和不良行为青少年的接触。诱发偏差行为的主要原因为：

（1）法律意识淡漠与个人冲动型的人格特质。方某属于胆汁质的人格，遇事易感情用事，不考虑后果，缺乏判断是非对错并坚持原则的能力。方某自述，他一开始并没有意识到和王某一起偷车是严重的违法行为。尽管第一次偷车时他也很紧张，但之后偷车的时候就已经习以为常了，在前面两辆车被警察发现并带走的情况下，他并没有产生"以后不能再去偷了"的想法，反而听从王某所说"警察不会抓我们的"，认为警察没有过多的时间调查这类事件，因此抱有较大的侥幸心理，将偷盗车辆作为金钱的来源并接二连三地实施这种行为，最终被警察抓获。

（2）放任型的教养模式，家庭监护责任缺失。根据社工的了解，引起此次偷车事件最直接的因素是缺钱。方某处于缺钱状态，但他宁愿去偷车也不愿告诉家人，而他在离家之前与家人说的是去找暑假兼职。根据方某父亲的描述，这件事情之所以没有引起他们的重视，是因为暑假期间其工作单位刚好有一批与方某差不多大的学生来实习，因此他并没有过多地询问方某想要去找什么样的工作，而想当然地认为他是去找与自己所学专业相关的汽修工作，于是便随着孩子的性子去了。然而方某离开家之后，与王某找的是KTV服务工作，且工作一天就因为王某脚崴了辞职不干了，导致工作设备押金无法被退回，俩人处于没钱的境地。这一情况进一步催生了俩人去偷车的行为。由此可见，各家庭成员之间缺乏沟通是导致本次事件发生的一大主要影响因素，毕竟方某尚未成年，父母作为监护人应该承担监护责任。

（3）不良的同辈群体氛围与学校教育缺位。方某所在的技师学院整体氛围欠佳，根据社工所接触的涉罪未成年人的社会调查来看，很多涉罪未成年人都来自该校，这在一定程度上可以反映出该校的管理，尤其是法治教育和法律意识的培养方面存在着很大的缺失，导致该校学生犯罪率较高，这在无形中也助长了方某的犯罪行为。

（4）市场监管不力。网吧、KTV 等未成年人禁止进入的营业场所缺乏有力监管，导致方某这样的未成年人可以长期混迹于此，且有机会进入 KTV 打工，并直接催生后续无法退还设备押金事件，萌发其去偷车的"赚钱"办法。

2. 核心问题确定

（1）偏差行为矫正，法律意识、规则意识淡漠。

（2）自我统一性冲突，个人迷茫感。

（3）缺乏亲密伙伴关系处理技能。

（4）家庭父母教养方式改进，亲职教育能力有待提升。

（5）缺乏学业与职业规划。

（6）自我管理能力弱，亟需辨别是非、远离诱惑。

（四）社会工作介入理念与价值取向

《未成年人保护法》规定要尊重未成年人的人格尊严，适应未成年人身心发展的规律和特点，将教育与保护相结合。对违法犯罪的未成年人，实行教育、感化、挽救的方针，坚持教育为主，惩罚为辅的原则。青少年社会工作强调从青少年成长发展的规律出发，运用社会工作的专业理念、理论和方法开展。在价值理念上突出多元化与主体性的尊重与接纳，主要遵循原则如下：①尊重——尊重青少年的尊严与价值；②接纳——接纳青少年的独特与多元；③个别化——注重个别化需求；④增能——协助青少年具备适应社会变化不断成长的能力。

方舟社会工作发展中心专业社工机构作为被委托方为偏差青少年提供社会观护与帮教的过程，社工将其看作是提供专业青少年社会工作服务的过程，尽可能避免贴标签和排斥，避免不自觉参与青少年问题的主观建构。在接案时应当转变视角，从问题青少年转化为服务对象（案主），建立起社会工作与服务对象合作的专业关系出发，进行专业社会工作服务。

因此，相对于问题取向，本案采用发展取向介入理念，除了对偏差问题的矫正，更聚焦和强调对偏差行为再犯的预防，把关注焦点从案主偏差行为转移到自身的优势和潜能，注重案主及其周围环境中可利用的资源。社会工作者的帮教计划的基本理念是强调青少年的优势和健康发展的潜能，致力于找出能使青少年长成健康成年人的条件和建设性资源，不再局限于关注问题和犯罪。

生态系统理论强调将案主放在一个有层次的系统之中，将服务对象与其所生活的环境作为一个完整的整体来看待，认为社会工作实务的干预焦点应该将个人置于其生活的场景中，重视人的生活经验、发展时期、生活空间与生态资源分布等有关个人与环境的交流活动，并从生活变迁、环境特性与协调度层面的互动来考量社会工作的实施。

本案中社工运用生态理论分析为基础，开展系统性工作，"全人"视角分析全面了解案主。根据"人在情境中"的社会工作经典理论范式，案主的问题不仅是自己的也是环境的，因此要系统关注环境和个体互动，作为社会工作者应积极协助案主与周边环境改善互动。

（五）介入计划

1. 介入目的与目标

目的：最大限度发掘方某的潜能，促进其全面发展，纠正其偏差行为并使其能在未来更好地适应生活。

目标：

（1）帮助方某提高和完善自我概念，对自己有比较符合实际的自我能力判断以及清晰的自我评价。

（2）协助其建立规则意识，纠正不良行为习惯，学会自我管理。

（3）提升方某识别和利用现有资源的能力，学习亲子关系建立技巧，学会求助与冲突处理推进家庭良好互动。

（4）帮助方某改善同伴交往，指导社交技巧，改善其人际交往。

（5）协助方某找到并发展兴趣和特长，并与职业规划相关联，提高自我规划。

（6）鼓励和增加其学业成就，分享学习技巧，协助扩展学习资源。

（7）帮助方某在现实情境中体验成功，增强自我效能感。

2. 介入系统分析与资源识别

家庭、学校和同辈群体是青少年社会化最重要的三个初级群体。偏差行为的产生是个人与家庭、同辈、学校和社会环境共同作用的结果。这其中既有着正向的、有利的发展性、保护性资源，同时存在负向的破坏性风险因素，是案主成长过程中的压力与风险。各系统在案主身上施加影响是正负因素相互交错和不断变化的，介入过程应尽可能地规避风险性因素，积极识别和分辨其中的正向资源。

根据社工调查评估结果，可将方某的社会系统图与案主环境系统互动之间的两维四象限分析图绘制如下：

（1）家庭系统——推力。

第一，母子系统。母亲由于和父亲之间的矛盾，经常向方某抱怨并表达想要和父亲离婚的想法，方某针对此事的观点是坚决支持母亲的想法。方某认为在父母之间，母亲是身体弱小的一方，需要自己的保护才能对抗父亲的力量，二人在家中多为同盟关系。母亲和方某之间的系统边界比较模糊，母亲需要向方某寻求帮助，但并没有给予方某足够的关心和母爱。

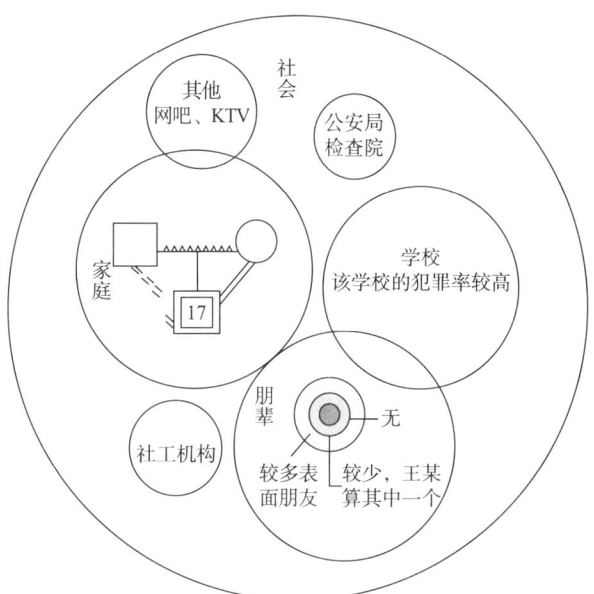

图 6-3 社会系统与案主环境系统互动

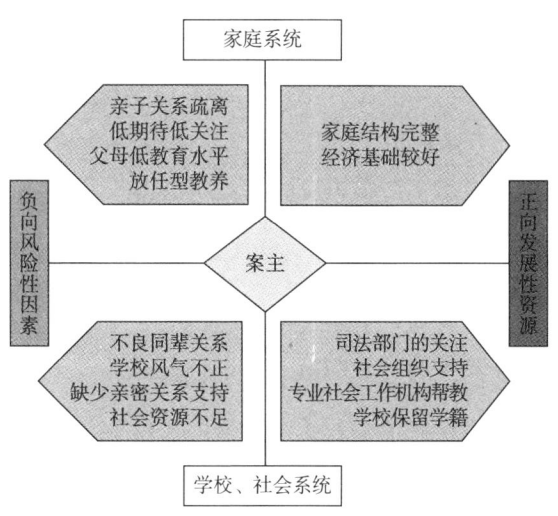

图 6-4 两维四象限分析

第二，父子系统。父亲平时忙于工作，每天晚上很晚才回家，父子之间交流的时间较少，情感较为淡漠。方某在平日和父亲单独相处的时候，会有尴尬的感觉，不希望父亲知道自己太多的事情也不知道应该和父亲说些什么。父亲则认为方某做事没有主见，性格较为内向，但本质不坏，这次偷车事件主要是王某诱导方某进行的。

第三，夫妻系统。夫妻之间存在较多争吵，并使其母亲产生了离婚的想法。现在家中父亲掌握主要权力，大事通常由父亲决定，母亲现已辞职在家，家中经济收入依靠父亲的工作，彼此沟通不顺畅，同时母亲经常感到委屈。

家庭作为未成年人的主要庇护港湾，家长是未成年人健康成长的主要护航者，对未成年人的健康发展起着极为重要的影响作用。方某父母长期以来的关系紧张，导致方某缺乏安全感，也没有建立起对他人的信任感。同时，各成员间的沟通模式存在问题，低期望低关注的成长状态，管教方某的方式多为口头教育，家庭监管不力。母子界限模糊不清，母亲放任其行为。父亲角色失位，工作繁忙，很少主动关心方某的思想动态，情感交流不足。方某惧怕父亲，多向父亲隐瞒自己的不良行为。

（2）朋辈系统——牵引力。

方某没有真正的朋友，这一点与他从小没有建立起安全感和信任感有关。他所接触的朋友大多比自己的年龄大，且多数属于"混社会"类型。王某在他所结交的人里来讲算是关系最好的，可见方某辨别是非的能力仍有待提升，以形成良好的交友观。

（3）学校系统——弱依附力。学校作为方某青春期进行日常活动的主要场域，整体氛围与风气都对其造成了较为明显的影响。结合近几年我们针对涉罪未成年人开展的社会调查结果来看，职高学生的偏差行为较多，学校缺乏对学生开展有关法治意识及法律知识的教育。方某仍然在校就读，如果学校能给予相应的干预将改善其处境。

（4）社会系统——潜在支持力。社会对各娱乐场所的监管不力，导致未成年人在尚未成熟时接触各种各样的亚文化，加之未成年人缺乏判断是非对错的能力，因此很容易接触到一些不良行为，进而诱发未成年人犯罪。本案中，方某便是长期出入此类娱乐场所的少年。而案发后司法部门和社会工作机构的介入是社会系统中巨大的转变，也是构建社会支持网络的启动力。

（六）介入过程

本次偏差青少年案例中的帮教个案服务时间为 6 个月，介入过程总体划分为三大阶段：

1. 完善个案资料，顺利建立信任关系

观护帮教前期进一步完善个案资料，与案主顺利地建立起信任关系，激发案主参与此次观护帮教的主动性与想要做出改变的内驱力。

阶段周期：1 个月～1.5 个月。

阶段内容：

（1）了解家庭系统。进行家访，由两名专业社工到方某的家庭进行走访，注重观察方某与其父母之间的互动关系及日常生活方式。由此，进一步确定在方某的家庭系统中，我们所能够介入的关键点，改善家庭系统的内部互动。

（2）了解学校系统。开展校访，由两名专业社工到方某所在的职业高中进行走访，一是体验学校的整体氛围；二是进一步了解方某的所学专业特点；三是观察并记录方某在学校的日常表现，包括课上的学习表现，同时也包括与同学之间的互动表现。由此，寻找学校系统与朋辈系统中有利于方某完成此次观护帮教的助力因素。

（3）了解案主系统。掌握方某的学习时间，与方某每两周开展一次面谈，注重结合方某的兴趣特点，与其尽快建立彼此之间互相信任的关系。

（4）各系统联动。由公安机关牵头，将负责此个案的专业社工、方某的家长及学校的相关老师组织在一起，彼此之间达成观护帮教相互配合支持的协议，形成一体化的帮教网络。

（5）订立帮教计划。本阶段结束时鼓励方某自己制定一个目标计划，用于下一阶段具体帮教计划的开展与实施。

2. 需求导向分步实施

在建立了基本的信任关系后，我们需与方某继续展开深入的交流，确定方某的兴趣点，并围绕着近期学习规划、职业规划、人生理想、人际交往等主题进行探讨。借此，陪伴方某完成正确价值观的重构、交友观的树立，进一步提升其辨别是非对错的能力。

阶段周期：2个月。

阶段内容：

（1）鼓励成就。寻找兴趣＋榜样，明晰人生理想。根据当前的初步了解，方某本人对汽修专业比较感兴趣。帮教期间，北京市召开车展等类似活动，社工带领其前去参加，在活动中引导方某对各种车辆型号和性能的研究，与车展工作人员进行交流，利用专业技术人员为方某树立事业榜样，激发方某内在学习的主动力。

（2）自我探索。人生理想——阶段目标——短期目标——每日努力。与方某一起沿着他的人生理想倒推出现在他所需要作出的努力，如需要掌握哪些专业课程与基本文化知识。通过共同研讨，将人生理想逐步分解成可以落地实施的阶段性目标，并进一步细化为短期内的小目标。如：怎样才能成为一名优秀的汽修工？

（3）人际关系改善。借助沙盘、彩带等工具，进一步了解方某的内心世界，帮助案主看清自己的人际、亲子关系。在沙盘操作的过程中，观察方某对自己与他人的摆放位置，注意引导其说出当前他对自己人际关系的看法；并利用彩带将其与他人之间的关系具象化，带领其真实感受关系舒缓与紧张、远与近所带来的不同影响。鼓励方某带着感受反思和行动，在家庭、学校中尝试使用关系改善技巧并记录感受与改变。

（4）识别资源。引导方某学会正确利用自己的社会关系网络，在遇到问题时学会及时求助。借助当前方某比较感兴趣的网络游戏，与其一起组团完成任务，并在游戏结束后，与方某一起分析如何取得当前这一游戏结果的。通过这一问题的深入讨论，引出方某的团队意识与择友标准，形成正确的交友观。

（5）法律知识普及。利用当前的一些影视作品，进行法律知识普及。与方某一起选择他比较感兴趣的与法律或规则相关的电影、电视，进行观影后的讨论，从而在影片的讨论过程中培养其规则意识与法律意识。

3. 深化介入路径，输出帮教成果，解除帮教

随着前面的陪伴，我们已经与方某建立了良好的信任关系，同时与其一起明确了他自己未来的人生规划，包括职业规划；同时，也与其在具体的活动中探讨了法律与规则的意义，以及如何在生活中学会辨别是非对错；此外，与其共同分析了所处的社会关系网络，引导其学会有效的求助，树立团队意识。

在最后一个阶段，我们需要引导方某结合自身的兴趣爱好及人生职业规划，探讨如何在法律允许的范围内，一步步去实现；并在这一阶段，注意引导方某参与社区活动或其他与他人

沟通交流的活动，让他在活动中收获成就感与自我效能感，为其坚持实施目标计划维持主动力。

阶段周期：2个月~2.5个月。

阶段内容：

（1）职业指导。带领方某一起参加职业规划的课程，在过程中与方某再次厘清他的人生目标、阶段性目标和近期的小目标，并结合相关法律法规，与其一起探讨如何先实现他的小目标，进而达到阶段性目标，最终为实现人生目标而努力。

（2）社区参与。邀请方某参与社区活动，例如爱心维修、汽修知识大讲堂等。这样的活动中，方某一方面可以在实践中检验自己的学习成果；另一方面，他也帮助了社区居民，在互动中获得帮助他人的成就感。

（3）正强化成功体验。借助上述类似的活动，在活动结束后与方某展开个案分享环节，不断巩固方某的愉悦体验，进行正强化，逐步提升他的自我效能感。

（4）自我管理能力巩固。围绕着方某的学业，一起制定学业总结任务（每两周一次）。一方面，可以让方某不断回顾所学知识；另一方面，鼓励他做成笔记以帮助其他同学提升成绩，让方某在此过程中悄然实现角色转化，以"小老师"的角色和职责来要求自己。

（5）结案总结。与方某一起回顾6个月以来所得收获与感受，总结其在帮教期间所锻炼的能力，解除帮教。

（七）介入成效

本案例目标完成度较高，6个月的帮教期过后，帮教计划订立的任务全部完成。在结案时，方某顺利解除帮教获得附条件不起诉处理。

案主自我评价：方某表示不希望这个事情影响到学习，珍惜附条件不起诉的机会，愿意在学校里继续学习，希望将目前所学专业职业化。方某梦想以后自己开一个汽修厂，父亲鼓励其掌握好相关知识，表示愿意为他的事业起步进行投资，让他好好学。方某表示自己听到这些时很感动。在朋辈关系方面，他自述主动建立了与其他同学之间的交往并逐渐融洽，并能在与同伴交往中，特别是与王某日后的关系上听取父亲的建议。

机构观察：在帮教日记中，能写下每次与社工一起完成任务后的个人感想，并在精神风貌与待人接物方面有了显著改变。

家庭反馈：社工订立帮教计划与协议后与方某的父亲做了沟通，使其积极与社工共同陪伴方某走过这段特殊的时期。其父能在日常生活中督促方某认真完成相关任务，在亲子关系方面，父子关系有了改善，交流更多了，父子俩会时常去外面一起吃饭，还会谈到未来的理想和规划。

学校反馈：在学习方面，方某已经将之前落下的课程通过向老师请教和向同学询问的方式补了上来。平日里小组练习时，方某总是第一个去尝试，学习的知识能够掌握，能保证整体流程不会出错。

二、案例评析

（一）服务评估与反思

1. 案主参与度与满意度较高

本案案主经由检察院委托转介而来，案主在行政框架指令下接受社会工作服务，不排除其高参与度与抱着完成任务、配合考察的心理相关，但整个过程中随着介入计划的实施能逐渐调动起内驱力，并主动寻求改变，态度比较积极。同时，结合机构社工观察其前后变化，可得出即使是被动高参与度也换来了较高的满意度，反映了社会工作服务的有效性。

2. 社会工作者伦理挑战

司法社会工作者接受委托进行社会调查和帮教观护，既要出具客观的社会调查报告，还要在专业介入中秉持"需求为本"的价值取向，以案主利益最大化为考量进行助人行为，对接案社会工作者的专业伦理要求较高，社会工作机构需要在整个过程中进行及时的督导跟进。

3. 司法社会工作者专业性要求与身份参与困境

偏差青少年的干预中，社会工作可以提供自下而上的专业服务，很好地弥补当前体制内自上而下的青少年工作模式不足，发挥积极作用。当前社会工作机构中专业司法社会工作者数量不多，且专业性要求较高，形成了人才缺口。由于社工当前缺乏完备的参与机制和正式的法定身份，例如在链接案主联动网络、贯通各责任主体交流等过程中，都缺乏权威性，主要靠被动依赖行政力量实现协调，一定程度上限制了司法社会工作专业的功能发挥。

（二）理论依据

偏差青少年的社会工作介入中，主要应用到的理论可以拆分为三个层次，一是关于青少年发展，二是关于偏差和越轨分析，三是专业社会工作的介入。社工根据案主的个性化问题和处境做出恰当的统合应用。前两个层次主要在分析和认识层面有利于更加全面的认知和理解，最终在社会工作的理论和实务整合框架下发展服务方案和步骤。

1. 精神分析理论

弗洛伊德的精神分析学理论将人格结构分为"本我""自我"与"超我"。"本我"是最原始的潜意识的冲动，受到快乐原则的支配，代表着本能与欲望。"自我"则是理智与常识的代表，它一方面压抑着来自本我的原始冲动，另一方面又需要按照社会规则给予本我一定的满足。而"超我"则是人格中较为高级的、道德的结构,它以良心、自我理想等原则规范自我。[1]青少年犯罪的根源在于"超我"结构没有得到良好的发展,不能有效地控制本我的冲动,纯粹按照"快乐原则"行事。[2]作为经典的理论,人格结构的划分和分析对客观认识青少年、偏差青少年这一群体奠定了基础,也有利于全面理解和尊重案主的价值尊严和独特性,接纳案主,客观分析其需求。

2. 社会联结理论

社会联系是社会联结理论的核心概念。该理论假设偏差行为与社会联系反向相关,社会联系链的断裂会导致偏差行为。社会联系的四个元素为依附、抱负、参与和信念。

(1)依附感,家庭和学校是青少年主要的依附对象,依附程度越高,犯罪行为越少。

(2)承担感,判断青少年的主要时间和精力是否用在了未来职业和教育上,承担感越强,犯罪行为越少。

(3)参与感,青少年越是感兴趣参与家庭、学校和社区的活动,接触犯罪亚文化的机会越少,犯罪可能越小。

(4)信念,青少年的信念需要家庭和学校共同努力,当人们越能信仰共同的社会准则,社会准则对其约束越大,犯罪可能越小。

根据这四个层次的阐述,我们勾勒偏差青少年的群像素描更为清晰,同时也再一次发现这种相关关系在实务工作中得到准确印证,与这一群体的共性和普遍问题表征相符,在方某的

---

〔1〕 〔奥〕弗洛伊德著,车文博主编《弗洛伊德文集》,长春出版社 2004 年版,第 5 页。

〔2〕 吴宗宪:《西方犯罪学史》,中国人民公安大学出版社 2010 年版,第 10 页。

个案案例中也有很具体的呈现。

3. 社会支持理论

学者林南认为，社会支持是由社区、社会网络和亲密伙伴所提供的感知的和实际的工具性或表达性支持。根据文献研究，社会支持的内容可以分为下列五种：①物质性支持，提供有形的服务、实际行动或者物质帮助他人解决实际问题和困难；②情绪性支持，向他人提供情感支持、鼓励，表达关心和爱意，使人感到温暖同情和信任；③尊重性支持，相互了解，肯定认可他人在态度和价值观；④信息性支持，提供信息建议或指导；⑤同伴性支持，与他人接触满足人际关系的需要，缓解压力促进积极心态的产生。

在本案中，社会工作者在对案主进行问题与需求评估时，着重对其社会支持网络进行了评估，再拟定具体的帮助计划，实施帮助时也循着评估所需进行了资源的链接。在这个过程中，社会工作者及所在的方舟社会工作发展中心都作为方某的社会支持网络，将所掌握的社会资源为案主提供了直接的帮助，同时帮助补充和扩展了他的日常社会支持网络，并协助指导做正向社会互动以达到身心健康的发展支持。

4. 生态系统理论

生态系统理论是贝塔朗菲于 1971 年提出来，强调对个体和环境系统的双重聚焦，引导我们将关注点放在整体上，而不是案主某一方面环境，以系统视野开启了案例思考，将偏差青少年置于广阔的社会文化和制度背景下予以审视，将其视为各种环境中的力量互动的结果。

参照该理论的生物生态模型，分析青少年成长的社会生态环境可以分为四个层次，由小到大依次为：微观系统、中观系统、外系统、宏观系统，这四个系统对青少年的影响也从直接到间接。微观系统是最直接影响的环境，是指处于特定环境的个体活动方式、角色模式和人际关系模式，家庭、学校、同伴都是直接强烈影响案主的微观系统要素。中观系统是个体所处的微观系统之间的联系，涵盖微系统之间的互动。外系统是包括两个或两个以上的环境系统之间的相互间作用，例如青少年的父母所在工作单位、学校管理部门、教委、社会组织、基层政府等。宏观系统是指社会的宏观层面，政治意识形态、思想文化传统、社会政策、风俗习惯等。

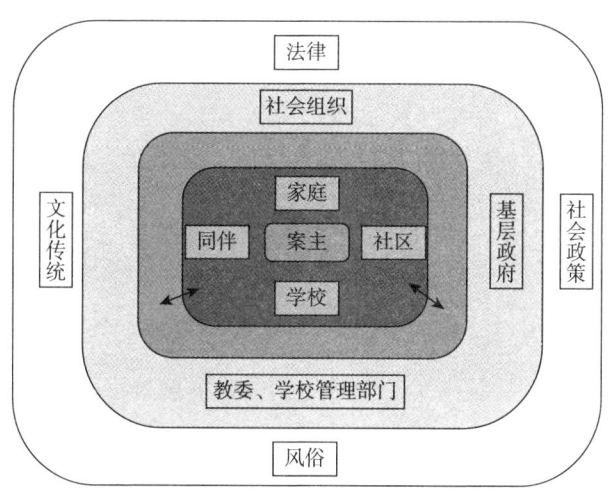

图6-5　青少年成长社会生态环境

　　该理论有助于系统分析案主问题产生的原因，改善其生存的社会环境，开发链接相关环境资源促进其状况改善。青少年的健康成长与发展必须以生态系统的结构完整与功能健全为前提，尤其是微观系统层面。人努力适应环境，同时由于社会环境和个人发展的变化会导致系统失去平衡，所以可将偏差行为看做是应对、抵抗和改变或者适应压力与环境的一种方式。在该理论指导下，社工更加关注互动过程，良好互动实现生命过程的正向改变，因此在干预计划和实施中都会促进案主朝此方面努力。

5. 优势视角

优势视角由美国堪萨斯大学社会福利学院教授 Dennis Salee-bey 在《优势视角：社会工作实践的新模式》一书中首先提出。它超越了社会工作传统理论模式，具有"范式革命"的意义，当前已经成为社会工作领域的基本范畴和基本原理，被广泛应用于儿童、青少年等实务工作领域。

优势视角理论反对将服务对象问题化，关注焦点从问题转向能力和潜能，探索可能获得的各种优势和资源，强调和利用自身具有的优势和资源、可能性和内生力量。本案中也正是在这样的视角下，采取了发展取向介入方某的帮教过程。该理论的重点是通过创造有利环境促进青少年学习建立抱负、提升能力、达到发掘正面潜能的目标。这是一个双方合作的过程，以青少年为本利用青少年的优势兴趣、目标和梦想作为学习和帮助的起点，调动内在的动机和自我成长的驱动力，帮助青少年发现自己拥有的能力。

案例中方某对汽车、汽修的热爱是突破口也是有效的激发引擎，社工抓住这个兴趣、爱好，在服务方案的策划中积极引导其将爱好发展成自己的专业，进而转化为能力，掌握技能为实现开汽修厂的愿望做职业准备，并在过程中积极协调资源巩固和拓展与汽车、汽修相关的学习与应用场景，强化这种信念和任务完成的愉悦体验。优势视角贯穿了整个助人过程，持续关注他的能力、价值、利益、信念、资源、任务完成和愿望。

（三）方法分析

基于上述理论视角的应用，本案中从方某所处的生态系统出发，具体实务干预过程使用了整合的社会工作方法（如图 6 - 6），综合利用了个案工作、小组工作和社区工作三大基本工作方法。这种整合对于方某的综合改善和可持续发展更为有效，有利于强化介入效果。

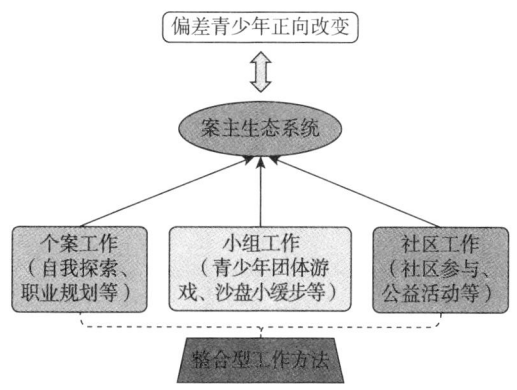

图6-6 社会工作方法整合

同时，介入和帮教的过程中，社工还运用了一些适合年龄段、操作性强、实用性强的技术，如职业规划时运用了伍德生涯选择配合论，人际关系和社交指导过程中运用了沙盘游戏治疗技术等。

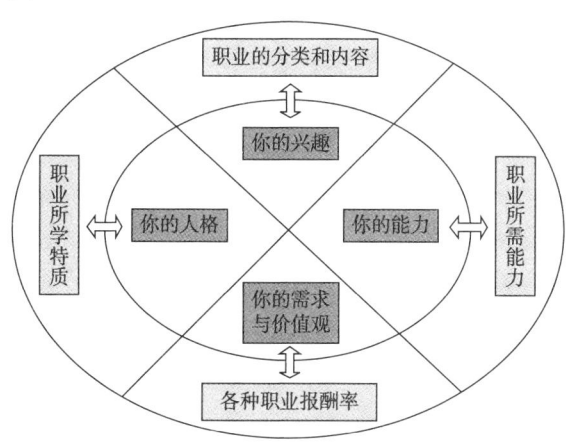

图6-7 伍德生涯选择配合论

第三节　偏差青少年的实务经验评述

偏差青少年的矫正与帮扶是一项社会系统工程，应该由主管机关牵头，综合社会各方面力量执行。社会工作的介入只是其中的一个环节，找准定位是发挥作用的关键，既不可或缺，又不能过分夸大。

社会工作服务路径是接触青少年——建立关系——需求调查——制定计划——实施计划——评估效果。专业的助人程序与分析框架，可以系统全面地追溯青少年偏差行为，理解青少年行为偏差问题，不仅是青春期的发展问题，也是复杂的社会现象，其形成与发展，往往是各方面因素共同作用的结果。从青少年的生理、心理需求到人际交往到社会制度多层面来分析需求和障碍，进而采取多层次的干预措施来提供服务，调动其内在力量结合外部资源来实现社会功能发挥。

社会工作是一个价值为本的专业，其服务过程的本质是助人行为，因此社会工作介入视角以服务对象的需求为出发点，更多考虑的是青少年健康全面成长的需要及预防问题的发生。实务中运用优势视角看待有偏差行为的青少年，并不是忽略他们的问题与缺陷，而是引导有偏差行为的青少年用一种全新的态度去看待自己的问题，促进青少年自我意识的觉醒，提升自我解决问题的能力，以期达到从根本上预防偏差行为再犯的效果。

实务工作中，社会工作者接触到的偏差青少年主要来自于相关部门的转介或委托。这在一定程度上说明社会工作正在成为一支被认可的、必要和有效的社会力量参与青少年工作。在这项社会系统性工作中融入社会工作的元素，利用社会工作的资源整合功能、服务模式、增权理念和专业的助人程序能改善和补充现有机制。

　　社会工作者要不断提高反思能力才能有效回应各种服务中案主的各种问题，也才能努力克服机制体制的局限性，将专业社会工作的功能最大化。作为一项价值为本的专业，在使用技术完成工作外，还应注重反思专业使命的社会性，自觉担负起政策倡导者的角色，提高政策敏感性和沟通能力，为服务对象群体的整体环境改善作出政策倡导。同时也应该在实务开展的过程中，加强对本专业领域的发展完善与功能发挥的反思。当前，专业司法社会工作岗位的设立、社会工作制度的建立与完善、专业社会工作在青少年犯罪预防中的持续功能发挥有赖于偏差青少年预防和帮教一体化体系的建立，有赖于政府的支持。

鸣　谢

　　2016 年 10 月，朝阳共青团成立合适成年人队伍，专门为未成年人提供到场服务，自成立以来已提供到场服务 1000 次；此外，朝阳区青少年权益维护社工为重点青少年提供个案帮扶 600余次。

　　特此鸣谢！

近两年部分兼职合适成年人名录

曹雅芳：在麦田中奔跑的孩子随时可能不慎跌落悬崖，合适成年人就是"悬崖"边的守望者。

孙一尧：每个孩子都面临着人生的交叉路口，希望我们能够成为他们前进道路上的指明灯，为他们指引正确的道路。

春夏：一起长大的约定，合适成年人就是萤火虫，带着哭泣的你奔跑。

续表

杨富芳：不合群的未成年人与合适成年人，合适成年人是助力自我探寻之路的向导。

马智：人生艰难终究要一个人挣扎着走过去，但独自面对真的很难，我愿意做那个陪伴者。

冯丽苹：有点可惜的是没能让你知道其实我理解你。

李海艳：懵懂的少年们可能会走入自己的寒冬，合适成年人就是冬日里的暖阳。

刘莎：每一次合适成年人工作，都是对孩子的一次保护与救赎。

谢苏娜：无论过程如何，未来总是崭新的，合适成年人带你"遇见更好的自己"。

张莹：守护迷途孩子一路前行，冲破黑暗的束缚。

刘嘉梦：守护人类的春天，让枯枝发新芽。

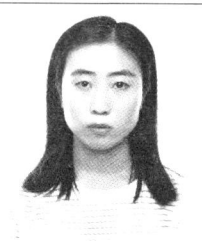

小春：合适成年人像果仁一样洁净，在水底静静地长成大树

徐海圣：每一个孩子都拥有者无限的潜力，合适成年人的工作之一就是发掘孩子们的潜力，让他们实现自身的价值，为社会做出贡献。	王传芳：在未成年人最危难的时刻，我们为他们提供帮助。	杨艳艳：每一个孩子都应该受到保护，每一个家长也应尽监护责任。

李静宇：这些孩子是需要被引导的花朵。	郭金妹：用心守护，还其晴空。	

个案跟进社工（3人）：		

刘孝峰：我曾被问道：你凭什么帮我！现在我的答案是：凭我是一名社工，职责所在，由始至终。	刘禹皓：无论黑暗中有什么，我都是你的守夜人。	王欣：我是一名社工，不管黑暗中有什么，我都是你的守夜人。
方舟司法社工（3人）：		

马芊芊：社工不应只是助人自助，更需令人能自助之余，也会帮助其他人以回馈社会。	赵洋：从事司法社工，是一件有意义的工作。	宋斯文：我坚信每个个体都有自身独特的潜质和能量，帮助人们去发现并成为更好的自己是很有价值的事。